A ARTE DE ESCREVER COM ARTE

Coleção
Formação
Humana
na Escola

Ronald Claver

A ARTE DE ESCREVER COM ARTE

Copyright © 2006 by Ronald Claver

CAPA/ILUSTRAÇÃO
Mirella Spinelli
Sobre a pintura "de uma pompeiana"; autor anônimo.

EDITORAÇÃO ELETRÔNICA
Carolina Rcoha

REVISÃO
Vera Lúcia de Simoni Castro

Claver, Ronald

C617a A arte de escrever com arte / Ronald Claver . — Belo Horizonte : Autêntica , 2006.

120 p. — (Formação humana na escola, 5)
ISBN 85-7526-213-0
1.Português-estudo e ensino.2.Leitura. I.Título. II.Série.

CDU 371.315
82.08

2006
Todos os direitos reservados pela Autêntica Editora.
Nenhuma parte desta publicação poderá ser reproduzida,
seja por meios mecânicos, eletrônicos, seja via
cópia xerográfica, sem a autorização prévia da editora.

Autêntica Editora
Rua Aimorés, 981, 8º – Funcionários
30140-071 – Belo Horizonte/MG
PABX: 55 (31) 3222 6819 – Televendas 0800 2831322
www.autenticaeditora.com.br
e-mail: autentica@autenticaeditora.com.br

São Paulo
Rua Visconde de Ouro Preto, 227 – Consolação
01303-600 – São Paulo/SP – Tel. (55 11) 3151 2272

*Para você que tem uma relação delicada
e cordial com a palavra.*

*Para você que reinventa o mundo
com a rebeldia da palavra amor.*

*Para você que sabe que mesmo as palavras
mais cruéis, amarelas, sensuais,
vulcânicas, frágeis, amorosas, revolucionárias,
oceânicas, redondas,
marotas, estelares, poderosas, doces
podem promover a paz e a liberdade.*

Para você que acha possível a arte de escrever com arte.

Sumário

Introdução 9
Preliminares 11
O escrever 13
O ler ou a palavra educar 15
Começando 17
Continuando 19
As artes e manhas do gato 21
Continuando a brincadeira 23
Gato por lebre 27
Lebre por gato 29
O jogo mágico das palavras em jogo 31
A transa, o transe, o trânsito, o texto 35
Transitando o transe com auxílio do colega 39
Sonho meu 41
O *rap* 43
A arca de não é 45

Férias coletivas 49
De mãos trocadas 51
A arte de bedelhar 53
O sabor das palavras 63
As mil maneiras de criar 69
A arte de desler e desaprender 77
Folhetim, o jornal que você quer ler 85
A arte de escrever o bar 93
As cidades subterrâneas 99
Palavras novas nem sempre 103
Ave palavra Rosa 109
A arte escrevendo a arte 113

Introdução

Uma frase diferente faz bem aos olhos. Uma frase curiosa faz um bem danado aos olhos. Escrever com arte significa mexer com o olho do leitor. Brincar com o olho que acha que tudo vê e tudo sabe. Para quem não sabe, o olho mexe, remexe, pesquisa e pensa. A arte da palavra reside no jogo do contrário. Gostamos de coisas novidadeiras, embora resistamos à vanguarda das coisas. Escrever com arte significa também ousar, buscar, selecionar, sonhar, projetar, burlar, burilar, trabalhar e libertar a palavra que é joio e jugo, mas que poderá virar jogo, trigo. A palavra impressa que nomeia e registra as coisas com arte não sabe o sabor delas. Ou sabe? É inorgânica, talvez mineral, mas plena de rachaduras e escoriações do mundo. Humana e abstrata a palavra arte é o próprio caos e cosmos. A palavra traz à tona os sentidos, mas não bebe, não come, não dorme, apenas alardeia o mundo que se faz som, eco.

A arte está no verbo fazer, o artista faz. O fazer da escrita requer clareza, rebeldia, claridade, criatividade. Escrever com arte é escrever claro, fácil, gostoso, prazeroso, sedutor. É arte fazer. Arte escrever. Refazer na escrita o *génesis* do homem. Lembre-se: escrever com arte não é dogmatizar, ensinar, filosofar, não é luta armada, antes, amada. É ritmo, palavra, música, fruição, tesão.

Preliminares

Antes de começarmos a arte de escrever com arte, vamos relaxar o corpo. Vamos deixá-lo solto. Leve. Livre.

Reflita este haicai:
>   QUEIRA-ME LIVRE
>   LEVE, LEVEMENTE
>   DOLORIDO DE LUAR

Sentar-se bem faz bem ao corpo, e, como queremos um corpo livre e leve, vamos procurar uma posição na cadeira, na carteira, na cama ou no chão que nos possibilite uma viagem tranqüila ao reino da escrita.

Mexer com as mãos e os punhos é preciso. Espreguiçar também.

Agora é hora de namorar a caneta ou o lápis. Brinque com eles. Feche os olhos e os deixe passear na planície da folha em branco, livre e leve.

Desenhe, rabisque, escreva, sonhe.

Abra os olhos. E continue a brincadeira.

O escrever

▶▶Repensando e arte-escrevendo:

Não pense duas vezes, três bastam. Questione sempre, argumente sempre, mas com arte-delicadeza e arte-ternura:

Escrever é apenas uma atividade intelectual? Ou escrever é também uma atividade física?

Segundo a jornalista e professora Dad Squarisi, do *Correio Braziliense*, ler e escrever são habilidades. Exigem treino. Jogam no time de nadar, datilografar ou saltar. Quanto mais se pratica, melhor o desempenho. Xuxa só se tornou campeão olímpico porque treinou muito e sempre. Para ser campeão das letras, a receita é a mesma; escrever muito e sempre. Ler muito e sempre.

Ler o quê? Ler o que se aprecia. Revista, jornal, romance, biografia, poesia, livro técnico – vale tudo. O importante é exercitar os olhos e a mente. Não há necessidade de nenhum esforço adicional. Basta ler todos os dias. Cada vez mais.

Escrever o quê? Qualquer coisa. Cartas, contos, receitas, comentário de notícias de jornais ou telejornais, o resumo da novela – todo texto é texto. Não precisa de correção. É escrever e jogar no lixo. Resultado: a cabeça e as mãos se desinibem. É uma festa. Viva!

☞ Responda rápido: Você concorda com a colunista? O que acrescentaria?

> – Mas que quer dizer esse poema? Perguntou-me alarmada a boa senhora.
> – E que quer dizer uma nuvem? Retruquei triunfante.
> – Uma nuvem?, diz ela. Uma nuvem umas vezes quer dizer chuva, outras vezes bom tempo.
>
> *Mário Quintana*

Veja bem, ao responder à colunista, utilize uma linguagem clara, precisa, transparente. O argumento tem de ter princípio, meio e fim bem definidos. Nada de palavras ambíguas, dúbias.

O ler ou a palavra educar

▸▸Repensando e arte-escrevendo:

Que venham as águas de março, serei seu sol. Que venham as pétalas da primavera, serei seu orvalho. Que venham os desertos do outono, serei sua tâmara. Que venham os ventos do inverno, serei sua morada. Leia, leia, critique, mas com arte-educação.

Fernando Brant é compositor. Tem em sua bagagem inúmeros sucessos. Mas ao lado da carreira artística, desempenha outras funções. É diplomado em direito. Tem livros de ficção publicados e crônicas no jornal Estado de Minas.

Está sempre pensando o mundo, pensando a vida. É um educador nato. Em uma de suas crônicas ele diz que "o saber, que ilumina os homens e os torna livres, apavora os opressores de todos os tempos e lugares.

Sem educação nenhum país vai para a frente, está mais do que provado. A ignorância é um peso que impede qualquer nação de se mover. Ao contrário, as terras em que o aprendizado da população é considerado primordial e imprescindível correm leves no trilho do desenvolvimento. Os países asiáticos, a Irlanda e a Espanha são exemplos que comprovam essa observação.

Enquanto isso, nossos governos constroem escolas, mas não criam condições para que o ensinar se realize em sua plenitude. Paga-se mal os professores. E esses, não todos mas uma grande quantidade deles, estão mais preocupados com questões sindicais e com greves anuais, infindáveis. Defende-se o ensino gratuito para todos na universidade pública, sem sequer se aceitar discutir a possibilidade de se cobrar de quem pode pagar e abrir mais vagas para quem não tem condições de fazê-lo. E compreender que o ensino básico deve ter a primazia.

Enquanto isso, o presidente não lê e não gosta de ler. Compara a leitura ao esforço que se faz em uma esteira rolante. E os ministros da área já foram três, não há continuidade e se mistura política partidária com projeto de nação.

Não adianta discutir siglas e eleições, se ao fim do processo estaremos diante do mesmo descaso para o que é essencial. Família em que os filhos estudam é certeza de que todos terão oportunidades de trabalho e de vida digna. Se todos os meninos e meninas de hoje, os brasileiros de todos os cantos, tiverem acesso a uma educação decente, ampla e de qualidade, o sonho de se construir um Brasil mais justo ainda poderá ser sonhado.

Sem aplacar a fome de conhecimento, sem cultura e sem educação, nem os nossos netos terão o país que dizemos merecer."

☞ Responda rápido:
   1. Você concorda com o ponto de vista do cronista?
   2. Você acha que se o PIB destinado à educação fosse 15%, como nos países que pensam grande, as coisas melhorariam?

Começando

Em seus rabiscos ou desenhos que você acabou de produzir, procure uma letra. Uma lagoa pode virar a letra "O", um risco na vertical pode virar um "L". Um foguete pode virar um "A" em direção aos astros. Um rei gordinho por ser a letra "R", etc.

Brinque com essa letra. Escreva-a de cabeça para baixo, espelhada, na vertical, em letra de forma, em letra cursiva, etc.

Lembre-se, o homem antes de escrever desenhou. A letra e a palavra antes de significar alguma coisa são um mágico desenho.

Continuando

▶▶ Reescrevendo a magia da arte-palavra:

A bola, a mola, a cola. A faca, a maca, a jaca. A nave, a ave, a chave. A chuva, a uva, a luva. Tudo passa, passa, passa o caminhão, passa, passa o gavião e o avião. Até a vaca que pasta, passa.

Questione sempre, pesquise, indague, mas com arte-beleza, arte-magia.

Escreva uma palavra iniciada pela letra escolhida anteriormente. Brinque com essa palavra do mesmo modo que você fez com a letra. Escreva-a de cabeça para baixo, na vertical, em letra de forma, em letra cursiva, etc.

▶▶ Produzindo:

Faça agora uma frase iniciada com a palavra escolhida.

Faça outra frase começada com a última palavra da frase anterior. Faça uma terceira, quarta e quinta frases utilizando o mesmo expediente.

Exemplo: Escolhi a letra "L", e com a letra "L" escrevi "Léo". A palavra "Léo" me sugeriu a frase: Léo é um menino alegre e feliz. Como a última palavra da frase é "Feliz", a segunda frase ficou assim: "Feliz é o homem que encontra a paz". Já a terceira ganhou estas palavras: "Paz é a melhor coisa do mundo de hoje". Já a quarta frase fica desta maneira: "Hoje é sexta, mas parece sábado". A quinta e última frase fecha o texto deste jeito: "Sábado é o melhor dia da semana para o menino Léo".

O texto: Léo é um menino alegre e feliz. Feliz é o homem que encontra a paz. Paz é a melhor coisa do mundo de hoje. Hoje é sexta, mas parece sábado. Sábado é o melhor dia da semana para o menino Léo.

Caso tenha dificuldade, use artigos antes da palavra escolhida: Ex: O Léo é um menino alegre e feliz. Feliz é o homem que encontra a paz. A paz...

Agora é hora de mexer no texto. Você pode e deve acrescentar palavras, mudar a ordem das frases e até mesmo escrever um novo texto a partir da sugestão de seu texto inicial.

Ex: Era uma vez um menino chamado Léo, que era alegre, brincalhão e morava em casa dos avós. Léo gostava de ler e lia muito a respeito da natureza e dos bichos. Queria a paz do mundo, por isso sempre que saudava alguém dizia: "Paz, irmão". Ficou conhecido como "o menino da paz". Um dia...

Ou: Léo, o menino que gostava de imitar passarinhos vivia isolado na montanha com o avô. Sua vida era monótona. Todo dia fazia sempre as mesmas coisas. Um dia descobriu nos guardados do avô um jornal que falava de guerra, atrocidades, bombas e destruição. Perguntou ao avô o que era a guerra? O avô respondeu: "Guerra é uma bobagem sem tamanho, é uma estupidez...".

As artes e manhas do gato

▶▶ Repensando e arte-escrevendo:

Tudo é natural como o cachorro falar, a lua escurecer e o fogo suavizar. Questione sempre, argumente, deduza, mas com arte-gentileza e arte-leveza.

Dez gatos famosos, dez diferentes estilos

Felinos da ficção têm personalidades que lembram as características do animal. Mas nem sempre é assim.

1. O preguiçoso Garfield é a mais perfeita tradução de espírito dos gatos. Adora lasanha, detesta segundas-feiras, é gordo, malvado, sacana, sempre puxa o tapete de Odie, o cachorro babão, e no fim das contas manda no dono, John. Isto mesmo: o gato é na verdade dono de seu dono.
2. O herói. É o Gato de Botas, do conto francês do século 17, inteligente, rápido e falante. No filme Shrek 2, o galã Antônio Banderas dublou o personagem.
3. O louco. É o Gato Careteiro de Alice no País das Maravilhas, que surge primeiro só como um sorriso. Depois tira a cabeça e, com voz envolvente, deixa a menina danadinha.

4. O persistente. É o Tom. Jamais um gato seria assim, tão dedicado à perseguição – no caso, à perseguição de Jerry. Leva bomba na cara, despenca do 10º andar, é esmagado pelo rolo compressor, mas sempre revive.
5. O malandro. O velho e bom Manda-Chuva, líder de uma gangue de gatos de rua (entre eles o espetacular Batatinha), vigiados de perto pelo Guarda Belo.
6. O fofucho. Virou moda há alguns anos por aqui: a gata Hello Kitty, japonesa, 30 anos. Um mimo para as crianças. Um tesouro para os empresários de brinquedos.
7. O derrotado. O tal Frajola nunca consegue pegar o Piu Piu. Quando está quase dando o bote, chega a velhinha e salva o canário. Que derrota...
8. O misterioso. Vem das antigas. É o Gato Félix, meio estranho, personagem de um desenho quase psicodélico. De sua bolsa sai tudo: carro, geladeira, comida...
9. O deus. Na verdade a deusa: é Bastet, da mitologia egípcia. Em seu templo, existem até múmias de gato. E, por lá, quem mata bichanos vai preso.
10. O homem. Uma lista de gatos ficaria incompleta sem Ferreira Gullar, poeta setentão, de cabelos lisos e olhos felinos – pergunte a qualquer caricaturista: o sujeito tem mesmo jeito de gato. (In: *Domingolistas* por Lula Branco Martins, Domingo, *Jornal do Brasil*, Ano 29, No. 1487, 31 out. 2004).

☞ Responda sem pestanejar:
    Quem é o seu Gato ou Gata preferido(a)?
    No mundo político, quem é Gato ou Gata?
    No mundo artístico, quem é Gato ou Gata?
    No Brasil, quem é Gatuno? Ou quem são os Gatunos?
    Qual Gato ou Gata você levaria para o seu telhado?

Continuando a brincadeira

A letra G e o Gato

▶▶ Reescrevendo a arte de brincar com palavras e letras:

Deus quando viu a garra do gavião, inventou o gancho do açougue. E, quando viu o gancho do açougue, inventou a letra "G". Procure sempre as palavras na natureza. Estude, questione, veja, mas com arte-letra, arte-lápis de cor.

1. Brinque com a letra "G". Escreva e desenhe esse "G" de mil maneiras.
2. Faça esse "G" virar uma cara de gato. Coloque orelhas, bigodes, boca, etc.
   Em seguida, escreva a palavra "Gato".
   Brinque com esse gato também. Escreva e desenhe esse gato de mil modos.
3. Liste palavras que rimam com a palavra gato, como rato, sapato, tato, mato, etc.
4. Arrole palavras que têm a ver com o universo da palavra e do animal, como novelo, lua, colo, sofá, telhado, lã, agilidade.
5. O gato na ficção: Ex: Tom e Jerry, Gato de Botas, etc.
6. Expressões: Fazer um gato, o pulo do gato, vender gato por lebre, viver como gato e cachorro, gata parida, etc.

6. Agora é a vez de recorremos à origem da palavra gato, (Do lat. *Cattu*). Animal mamífero, carnívoro, felídeo (*felis cattus domesticus*), digitígrado, de unhas retráteis, domesticado pelo homem desde os tempos remotos, e usado comumente para combate aos ratos. Ainda engatilhar, engatinhar, engatar, gatilho, etc.
7. Antes de partimos para a confecção do nosso GATO, leiamos os poemas que se seguem:

O prazer de Gato

O GATO
    É
        GATÍSSIMO: gosta de

   COLO
       VELUDO

   NOVELO DE LÃ

e de LUA CHEIA OU
        MINGUANTE.

(Do livro *Hoje tem Poesia*, de ronaldclaver, Ed. Dimensão)

A caligrafia do Gato

O GATO
É BICHO ESCRITOR
    FERE
  FELINAMENTE
 A PELE DO
  PAPEL
COM SUA ESCRITA
   EGÍPCIA

SUTIL E DISSIMULADA

(Do livro *Hoje tem poesia*, de ronaldclaver, ed. Dimensão)

A sorte do Gato

O GATO e sua vida de 7 fôlegos
O GATO e seu baralho de 7 mãos
O GATO e sua lua de 7 noites
O GATO e seu bigode de 7 fios
O GATO e sua GATA de 7 cios.

    Com base nesse jogo e nas brincadeiras, vamos construir o nosso GATO? Mãos à obra: O seu gato pode vir em forma de poema, pode começar assim: "Era uma vez um gato..."
    Ou na primeira pessoa: "Eu sou um gato..."
    Ou um dia, um gato; O gato de Alice ficou no espelho e no país das maravilhas; Um gato sem juízo passeia nos telhados do paraíso; Os miados de meu gato em meu edredom, o rato do gato roeu as roupas da rainha; a preguiça do gato matou o tédio da manhã, etc.

Gato por lebre

▸▸Repensando a arte e a arte dos desclassificados:

Vendo um par de luvas cheio de uvas. Um guarda-sol para abrigar o rouxinol. Uma gatinha que faz miau, miau. Questione as propagandas, a fala dos políticos, o poder dos poderosos. Venda seu peixe com arte-honestidade, com arte, mas sem negociata.

Depois que o nosso GATO virou texto, vamos vendê-lo como nos exemplos que se seguem:

Minha casa

Vende-se uma casa que tem um papagaio de nome Feijó e nas asas as cores do pintor Miró.

Vende-se uma casa que tem óculos de tecer bordado e olhos de sonhar acordado.

Vende-se uma casa que tem canteiros de jasmim e há sempre uma rosa nascendo no jardim.

Vende-se uma casa que tem palavras como afeto, afeição e moram nas gavetas do coração.

Vende-se uma casa que tem um galo carijó cantando no quintal e uma lua preta e branca pendurada no varal.

(Do livro *Hoje tem poesia*, de ronaldclaver, Ed. Dimensão)

Ou este:

Sonho

Vende-se um sonho de muito sonhar.
Há cachoeiras, trilhas e alguém para gostar.
Neste sonho há abismos, pesadelos, precipícios, desafios,
Assombração e muita animação.
Há brincadeira de roda, capoeira, adivinhação.
Há sempre alguém dizendo sim, outras vezes dizendo não.
Quer comprar este sonho de nunca acabar e muito durar?

Lebre por gato

Veja nos pequenos anúncios

Depois de vendermos o GATO, venderemos e compraremos o significado de outras palavras. De posse da palavra, você vende a sua palavra para o colega ao lado e este que já vendeu a sua palavra para o outro colega, também ao lado, responderá se vai querer comprar ou não. Como no exemplo abaixo:

Maca

Vendo uma MACA legal. É toda de metal. Tem quatro rodinhas novinhas e é toda branquinha. Transporta quem você quiser, inclusive seu bem que te quer bem.

Não compro esta MACA de metal que deve ser legal, porque meu bem que me queria demais já não me quer mais.

Sugiro algumas palavras que devem e podem ser vendidas e compradas, como:

MOLA,

BOLA,

COLA,

GOLA,
SOLA,
FACA,
JACA,
MACA,
TACA,
PACA e
VACA.
Venda e compre outras.

O jogo mágico das palavras em jogo

▶▶ **Repensando e arte-escrevendo:**

Às vezes te percebo em sonhos e te guardo numa caixa de lápis de cor. Questione sempre, argumente sempre, mas com arte-delicadeza, com arte-ternura;.

Questão de arte:
>[...] A arte propõe uma viagem de rumo imprevisto – da qual não sabemos as conseqüências. Porém, empreendendo-a, o que conta não é a chegada, é a evasão. Buscamos a arte pelo prazer que ela nos causa. Uma sinfonia, um quadro, um romance são refúgios, pois instauram um universo para o qual nos podemos bandear, fugindo das asperezas da nossa vida "real", procurando as delícias das emoções "não reais". No fundo, são os mesmos motivos que nos fazem assistir a um jogo de futebol. A diferença é o corolário que enunciamos acima: as emoções artísticas s" num primeiro momento: transformando nossa sensibilidade, elas transformam também nossa relação com o mundo (In: COLI, Jorge. *O que é arte*. 2. ed. São Paulo: Brasiliense, 1997).

☞ Responda rápido: você concorda com o autor? O que você acrescentaria nesta fala?

O JOGO MÁGICO DAS PALAVRAS mágicas

Construiremos textos que tenham um final inusitado, diferente, engraçado e que incluam as seguintes palavras: JIA, PIA, TIA, DIA, VIA, NAVE, AVE, CHAVE.
CHUVA, UVA, LUVA.

Como este:

A jia falante

Juca passeava na orla da Lagoa da Pampulha, em Belo Horizonte, quando ouviu uma voz fininha, feminina.
– Moço, oh, moço, me ajude!
Juca olhou para cima, para a frente, para trás, para os lados, mas não viu ninguém. A voz continuou:
– Moço, oh, moço, me ajude, estou aqui na lagoa.
Juca espantou-se. Era uma jia enorme e toda pintada. Uma jia imensa, uma jia pimenta. Uma jia falante.
– Fui enfeitiçada. Sou uma princesa. Meus cabelos são da cor do sol. Tenho pele delicada e olhos claros. Se você me beijar, viro de novo princesa e juro que me caso com você.
Juca pensou, pensou. Cocou a cabeça, coçou o nariz. Assobiou.
– Tenho uma solução.
– Vai me beijar e espantar o feitiço que há em mim? Aflita e ansiosa estava a jia.
– Não, nada disso. Tenho uma idéia melhor. Esse negócio de sapo virar príncipe, não cola mais. Isso é para os contos da

carochinha. Vou exibi-la em TVs, rádios, praças públicas, programas de auditório, circos. Uma jia falante vale mais que uma princesa, nos tempos de hoje.

Sugiro os seguintes temas:

A PIA EXAGERADA,
O HOMENZINHO VERDE,
A ÁGUA QUE PULA,
A CHUVA QUE NÃO CAI,
A UVA QUE ENDOIDOU.

A transa, o transe, o trânsito, o texto

▶▶Repensando e arte-escrevendo:

Não há receita nem perspectiva. Há alguns sinais e nada mais. A vida é como o tempo. Esquenta e esfria. Acalma e enfurece. Queima e neva. Questione sempre, argumente sempre, mas com arte-delicadeza e arte-ternura.

Poesia

Entendo que poesia é negócio de grande responsabilidade, e não considero honesto rotular-se de poeta quem apenas verseje por dor de cotovelo, falta de dinheiro ou momentânea tomada de contato com as forças líricas do mundo, sem se entregar aos trabalhos cotidianos e secretos da técnica, da leitura, da contemplação e mesmo da ação. Até os poetas se armam, e um poeta desarmado é, mesmo, um ser à mercê de inspirações fáceis, dócil às modas e compromissos.

Carlos Drummond de Andrade

☞Responda por escrito. O poeta tem razão?

Estilo e aprendizado: ler e prestar atenção

Lendo uma crítica do livro O *homem magro* de Dashiell Hammett, Augusto Nunes, articulista do JB comenta:

- Como descrever paisagens em momentos de muita ação? Procure Ernest Heminguay.
- Como ligar parágrafos ou capítulos sem a sensação de que alguma ponta desabou? Tente Gay Talese.
- Qual é o segredo do coquetel de adjetivos e advérbios que provoca o fenômeno da levitação? Gabriel Garcia Márques conhece.
- Como encontrar substantivos de tal modo auto-suficientes que sempre andam desacompanhados? Descubra com Graciliano Ramos.
- Como prevenir derramamentos? Carlos Drummond de Andrade tem todos os métodos.
- E Dashiell Hammett é o homem dos diálogos que, se não os tivemos, deveríamos ter tido.

O transe, a trama, o texto, a transa, a revelação

O amor em tempo de viagem é espera. O amor não tem esquinas. Navios não atracam em seu porto. É sempre vôo, plumagem. Nunca pouso, cais. Deixe a escrita tomar conta de você com arte-onírica, arte-viagem.

Quando percebeu a caneta em seus dedos e as palavras nave, ave, chave saindo da ponta da caneta e povoando espaço em branco da folha de papel, como formigas que ziguezagueiam à procura do formigueiro, olhou para o céu de seu papel e viu uma nave passeando no fundo mais fundo do universo sem fundo. A nave visitava luas e planetas da Via Láctea. Às vezes, a nave pegava carona numa estrela cadente. A nave parecia uma ave sem asas. A nave que navegava num fundo sem fundo viu um planeta azul e resolveu visitá-lo. Pousou mansamente à beira da Lagoa da Pampulha, em Belo Horizonte, MG. Era madrugada. O silêncio dominava o tempo. O homenzinho verde que pilotava a nave abriu a porta da nave com uma chave brilhante. Olhou para fora com medo. Como não havia ninguém por perto, resolveu descer. Fechou a porta da nave com a chave brilhante e quando ensaiava os primeiros passos, surgiu no céu uma ave enorme, um gavião carcará que comeu o homenzinho verde pensando em se tratar de uma minhoquinha verdinha em folha.

     A caneta parou de escrever. Voltou ao trânsito e à trama normal da casa quando ouviu a voz do filho chegando da escola. Pai, disse o menino, a professora pediu de para casa uma história de ET. O pai sorriu, voltou ao transe e contou ao menino uma história que começa assim: "Era uma vez uma nave que passeava no fundo mais fundo do universo sem fundo..."

Transitando o transe com o auxílio do colega

Como no texto anterior, as palavras nos levam a labirintos nunca sonhados, elas apontam para horizontes improváveis e através delas percorremos países inexistentes e realidades oníricas.

Seguem algumas palavras que devem ser incluídas em seu texto. São elas:

> Jenipapo, outdoor, olhos do cão azul, são Francisquinho, Dia dos Namorados, viagem, Suzana, Daniel e leões.

Como será o transe:
1. De posse das palavras, comece um texto utilizando, ou não, todas as palavras acima.
2. Troque com o colega o seu texto iniciado, e ele vai continuar o seu texto, e você vai continuar o texto dele.
3. Troque novamente o texto que está com você com outro colega e continue o texto do outro colega, e ele continuará o texto que estava com você.

4. Repita a atividade anterior.
5. Repita novamente.
6. Pegue o seu texto original e finalize-o.
7. PASSE A LIMPO. CORTE PALAVRAS, ACRESCENTE PALAVRAS, DÊ AO TEXTO A DIMENSÃO DE SEU ESCREVER.

Sonho meu

A consultora terapêutica Sukie Miller, membro do conselho do Instituto Jung de São Francisco, nos Estados Unidos, falou do mundo mágico do sono para a Revista Época, de 24 out. 2005.

Segundo ela, os sonhos são importantes porque trazem informações pessoais que não podemos conseguir de outra maneira. Nossas defesas não agem quando sonhamos. Diz-se que uma pequena parte da nossa alma retorna ao paraíso para nutrir-se. É a razão por que sonhamos. Isso pode transformar nossas vidas. Nossos sonhos, como nossa alma, funcionam fora do tempo e do espaço. Os sonhos e a alma não são racionais, mas misteriosos. Cada sonho é único e pessoal.

Como o ato de "escrever" se assemelha ao ato de sonhar. Afirmamos que, quando escrevemos, devemos deixar a censura e as defesas na gaveta. Devemos assumir a escrita como um sonho. Sem amarras, sem limites de tempo e espaço. Afinal escrever é sonhar acordado.

Com base nessas considerações, produziremos um texto onírico, sem defesas, sem limites, solto, leve, livre. Unindo o transe, o trânsito, a trama e, finalmente, o texto. As palavras e expressões que se seguem podem ajudá-lo:

O vinho e a uva que não dá vinho,
 a chuva que não cai e não pára,
 a água que molha e pula,
 a bola que não rola e quica,
 a faca de gumes tantos e vários que já não corta,
 a jaca, a tia, a via, a jia, a vaca, a foca,
 a luvas de goleiro de Tuca e o Gato sorriso de Alice.

O rap

▶▶ Repensando a arte e arte-cantando:

Como diria Zeca Baleiro: as meninas dos jardins gostam do *rap*. As meninas dos jardins gostam do *rap*. As meninas dos jardins gostam do *rap*. As meninas dos jardins gostam de *happy end*. Cante, seja crítico, mas com arte-cantante, arte-harmonia.

"De manhã, com olhos ainda de remela,
Vejo um resto de lua e olho a rua:
O que vejo?
Vários camaradas andando por aqui e por ali
Usando roupas e tênis que eu sempre quis.

Sou menino de rua
Sou uma peça rara.
A vida me pregou uma peça,
Sou ameaça de cara
Sou um cara normal.
Mas me chamaram de marginal
De cão vadio, de ladrão.

Não sou nada disso, não.
Aqui fala um cidadão.

(Texto de Douglas Silva Lima, in *Rap rua*, editorado por Libério Neves e Ronald Claver, com imagens e projeto gráfico de Ângela Lago, Ed. RHJ, Bhte., MG, 2004).

O *rap* é o cordel do asfalto. O *rap* é o repente da cidade grande. O *rap* fala de tudo. É o porta-voz das minorias, que, na verdade, são as maiorias. Minoria é o banqueiro, o oligarca, o traficante, o político corrupto. O *rap* denuncia e provoca. O *rap* é criativo, rico. É o nosso cantochão moderno.

Vamos também criar um *rap*.

Obedeçamos às etapas seguintes:
1. Escrever palavras que têm o mesmo som da palavra PRESENTE (ex: ausente, parente, semente, etc.).
2. Dê o sinônimo ou equivalente da palavra PRESENTE (ex: atuante, mimo, agrado, regalo, etc.).
3. Agora é a vez do antônimo ou equivalente da palavra PRESENTE (ex: ausente, etc.).
4. FAÇA o mesmo com as palavras:
DEPOIS,
ANIVERSÁRIO,
FUTURO.
5. De posse das sugestões das palavras coletadas e com auxílio de outras palavras, tendo na mochila doses de sensibilidade, criatividade e liberdade, vamos ao Rap: O título? Ah , o título, só poderia ser:
DEPOIS DE DEPOIS

A arca de não é*

▶▶ Repensando e arte-escrevendo:

E se, de repente, eu me perder nos ermos de seu corpo e esquecer que te prometi a lua? E se, de repente, eu quebrar o espelho e te vir transparente e nua? Questione sempre, mas com arte-navegável, sutil.

Diálogo do gato com Alice no País das Maravilhas.
Alice encontra o gato e pergunta:
– Como posso sair deste lugar onde estamos?
– Isso depende muito de para onde você quer ir.
– Não quero ir para um determinado lugar, só quero sair daqui.
– Se você não vai para lugar nenhum, então qualquer direção serve.
– Não quero ir para nenhum lugar determinado, mas quero chegar a algum lugar.
– Então siga por algum caminho e, andando bastante, você certamente chegará a algum lugar. (LEWIS CARROLL)

---
* Título de uma peça teatral de Ruth Schimitz e Cristina Góes.

☞ Responda rápido:

E você já pensou qual estrada pegar?

Há trevo logo ali em frente. Não titubeie.

Dos animais

1. Liste um número grande de animais.
2. De acordo com seu conhecimento, vivência e sensibilidade, liste os animais que você acha que são:
   1. Carinhosos,
   2. Esquisitos,
   3. Perigosos,
   4. Nojentos,
   5. Necessários,
   6. Violentos,
   7. Gostosos,
   8. Desnecessários,
   9. Bonitos e
   10. Feios.
3. Dado o nome de um animal, associe a ele uma palavra que o identifica. Ex: Leão = Rei.
   1. Borboleta,
   2. Chita,
   3. Dourado,
   4. Lobo,
   5. Cigarra,
   6. Tamanduá,
   7. Formiga,
   8. Abelha,
   9. Beija-flor e o
   10. Galo,

4. O Texto:
   1. Escolha um animal de sua preferência. Ex: O gato.
   2. Enumere as características dele, destacando.
      1. A raça,
      2. O tamanho,
      3. A cor,
      4. Hábitos,
      5. Idade,
      6. Temperamento,

      Ainda:

      7. De onde veio,
      8. Qual a relação dele com o seu habitat,
      9. Onde dorme,
      10. Em qual canto da casa ou terreiro ele gosta de ficar
      11. O que ele inspira
      12. Quem gosta dele
      13. Palavras que são atribuídas a ele, etc.
   3. Leia os textos que se seguem e depois faça o seu:

O galo

O GALO é mais que flauta:
    É tambor.

  É um relógio girando, girando.
    Em direção à aurora.
Pode a manhã não nascer
O galo, certamente,
anunciará sua ausência.

(Do livro *Hoje tem poesia* de ronaldclaver, Ed. Dimensão)

Adivinhação

Você sabe qual é o bicho que dorme de pijama?
Se você apostou na ZEBRA, que desfila de preto
e branco nas savanas africanas, errou,
pois o bicho que veste pijama, sonha e tem fome
é, é, é.... o bicho HOMEM.

Você sabe qual o animal que, após comer a sua presa,
chora na hora?
Se você acha que é a risonha HIENA que come sua presa
sem pena ou pressa, errou.
O nome do animal que deixa a lágrima correr em sua cara
de horror, que rasteja, mas não dá marcha ré, é, é, é, o
JACARÉ.

Você sabe qual é a ave que tem poderes reais?
Se pensa que é o GAVIÃO que voa que nem um avião,
errou.
A ave que tem pose de rei, crista de rei e voa como um rei é,
é, é, o URUBU-REI.

E você sabe que a GATA, além de ser uma pantera,
é um GATÃO?

E que o lagarto de mil cores é o CAMALEÃO?

Férias coletivas

▶▶ Repensando e divertindo com a arte de viajar:

Naquele tempo, Clara passeava no poema de Drummond. O poeta passeava em Clara e nas manhãs daquele tempo. Pergunte sempre, consulte os mapas sempre. Pense nos roteiros e nas estradas. Viaje nas palavras com arte-asas, arte-nuvens.

1 - Liste palavras que sugerem:
   1. Férias,
   2. Paisagem,
   3. Roça,
   4. Mar,
   5. Estrada,
   6. Comidas,
   7. Festas,
   8. Cidade do interior,
   9. A metrópole,
   10. O rio e
   11. A casa.

2. Postais, gravuras e fotografias:
   1. Escolha um postal ou gravura e entre dentro dele. Ex: Um postal de uma igreja barroca. Conte a história da igreja, fale quando lá esteve, qual a sensação de entrar numa igreja de séculos passados, etc.

3. Imagine férias, acontecidas ou não, e relacione:
   1. O local das férias,
   2. O período,
   3. Meio de transporte utilizado,
   4. Fatos agradáveis,
   5. Fatos não agradáveis,
   6. Acontecimento marcante,
   7. Fatos pitorescos,
   8. Locais visitados,
   9. Livro ou revista,
   10. Show,
   11. Música das férias.

4. Prática

Passe para o colega as suas informações e pegue as dele.

E escreva as férias que você tem em mãos.

De mãos trocadas

ou escrevendo com a mão que parece errada

1. Escrever um texto incluindo as palavras abaixo. Se você for destro, escreva com a mão esquerda, e vice-versa.

> Virgens, igreja, Idade Média, Rapunzel, caramanchão, caminhada, sol apagando nos passos, lua crescendo nos olhos, Rua Antenor Bahia, bar da esquina, samba, janela, vulto, Maria da Abadia, dama da noite, portão, clandestino olhar, travessia.

2. Escrever um outro texto, utilizando as palavras abaixo, com a mão que achar conveniente:

> Travessia, clandestino olhar, portão, dama da noite, Maria da Abadia, vulto, janela, samba, bar da esquina, Rua Antenor Bahia, lua crescendo nos olhos, sol apagando nos passos, caminhada, caramanchão, Rapunzel, Idade Média, igreja, virgens.

3. Ao passar a limpo, misture os textos

A arte de bedelhar

▶▶Pensando e arte-escrevendo:

Eu te quero assim distante. Um pouco perto. Quem sabe junto. Juntíssimos. Como dois amantes que se consomem a si mesmos. Questione sempre, argumente, mas com arte-maturidade, arte-brincadeira, arte-curiosidade.

As lições da Arca de Noé

1) Não perca o barco; 2) lembre-se de que estamos no mesmo barco; 3) planeje para o futuro – não estava chovendo quando Noé construiu a embarcação; 4) mantenha-se em forma – quando tiver 60 anos, alguém pode lhe pedir para fazer algo realmente grande; 5) não dê ouvidos a críticos, apenas continue a fazer o trabalho que precisa ser feito; 6) construa seu futuro em terreno alto; 7) por segurança, viaje em pares; 8) a velocidade nem sempre é uma vantagem – os caramujos estavam a bordo com os leopardos; 9) quando estiver estressado, flutue por algum tempo; 10) lembre-se, a arca foi construída por amadores; o Titanic, por profissionais; 11) não importa a tempestade, há sempre um arco-íris à sua espera.

1. Destaque um item e comente-o.
2. Com base em sua experiência diária, liste alguns "conselhos" des/necessários que funcionam para você e pode funcionar para os outros. Ex. os chineses tomam água morna em jejum para melhorar o funcionamento do estômago; as vovós aconselham agasalhar-se no inverno para evitar resfriados. Dizem também que leite com manga pode matar, etc.

Bedelhando sempre Chico, Vinícius e Roberto:

Tente construir um texto inserindo alguns ou todos os versos abaixo:

"Quero ficar em teu corpo como tatuagem. Quando você me deixou, meu bem, me disse pra ser feliz e passar bem"[...]

"Se você quer ser minha namorada, ai que linda namorada você poderia ser [...]

"Você foi o maior dos meus casos, de todos os abraços, o que eu nunca esqueci" [...]

"Ah, se todos fossem iguais a você, que maravilha viver..."

"Deixa em paz meu coração, que ele é um pote até aqui de mágoa..."

"Amanhã de manhã, vou pedir um café pra nós dois, te fazer um carinho e depois te envolver nos meus braços..."

Bedelhando Neruda, Machado de Assis, Drummond, G. Rosa, Rubem Braga (aplique a prática anterior):

"Me gustas cuando callas porque estás como ausente."

"Suporta-se com paciência a cólica do próximo."

"O primeiro amor passou, o segundo amor passou, o terceiro amor passou, mas o coração continua."

"E foram felizes e infelizes, alternadamente."

"Conta-se na família, que, quando meu pai comprou a nossa casa de Cachoeiro, esse relógio já estava na parede da sala."

Bedelhando palavras:

Faça um texto e coloque as seqüências de palavras abaixo:
– Motel, planície, Sudão, pincel, paisagem, olhar, maravilha, fubá, horizontes, Moisés.
– Goiaba, bar, janela, cafuné, missa, rádio, Manoel, rua, oceano, flanela.

Bedelhando situações:

1) O poeta, a esquina, o bar.
2) A lua, a TV ligada, o pensamento.
3) Noite alta, mulher, assalto.

Bedelhando Guimarães Rosa: traduza as frases abaixo:

"Os tempos mudavam, no devagar depressa dos tempos."
"O que consumia de comer, era só um quase."
"Sei que agora é tarde, o temo abreviar com a vida..."
"... ao menos, que, no artigo da morte, peguem em mim, e me depositem também numa canoinha de nada."
"Tiro por mim, que, no que queria, e não queria, só com nosso pai me achava: assunto que jogava para trás meus pensamentos."

Faça o contrário e pare de bedelhar. Passe as frases abaixo para uma linguagem literária, se possível roseana.

"A tarde estava nublada."
"O irmão mais novo resolveu ir para a cidade."
"O tempo ia passando, e o pai continuava indo e vindo de canoa."
"O pai mandou fazer uma canoa e saiu rio afora."

*Bedelhando as dificuldades – diálogos insólitos:
crie pequenos diálogos para as seguintes situações:*

– Conversa de um tamanduá coma o formigueiro.

– Um homem formal conversando com um rapaz que só fala gíria.

– Um político desonesto tentando convencer o leitor de sua honestidade.

– Uma cena qualquer: o homem que foi ao seu velório.

– Um diálogo hesitante entre um empregado e o patrão.

*Bedelhando o menino que resiste em nós.
Utilize a linguagem infantil:*

– Explique a invenção da roda.
– Descreva um elefante.
– Conte um caso de assombração.
– Converse com um adulto.

Bedelhando as formas de escrever:

Escrita literária e escrita jornalística

1. Vereador acompanhado da secretária é atacado de madrugada.
2. Um incêndio tomou conta da Sapataria Couro Bom. O fogo só foi debelado duas horas depois.

Desenvolva as manchetes acima dando mais informações aos leitores como:

A) A hora do acidente;
B) O local;
C) Nomes;
D) Prováveis causas do sinistro;
E) Características das pessoas envolvidas;

F) Conseqüências, suspeitas, etc.

Utilize uma linguagem direta, substantiva, denotativa.

Use períodos curtos e abrevie o mais que puder.

Invertendo as bolas

1. Conte uma história, tendo como motivo as notícias acima.
2. Você pode contá-la na primeira pessoa assumindo uma personagem que participou do noticiário. Ex. O depoimento do vereador ou da secretária.
3. Ou da gata Meméia que quase vira churrasco na sapataria incendiada.
4. Ou assumir a pele de um dos bandidos.
5. Ou assumir a pele do causador do incêndio.
6. Você pode contar esta história na terceira pessoa.
7. Você vai narrar sob o ponto de vista pessoal e intransferível. Uma versão livre do acidente.
8. Utilize uma linguagem plural, figurada, surreal, mágica, múltipla, conotativa.
9. Viaje e invente.

Bedelhando os modos de expressar:

Poesia e prosa

Tema: O mar e o amor OU o amor e o mar.

Prosa

Elementos:

1. Ela surgia sempre às 5 da tarde. Vestia um branco transparente. Caminhava sempre junto à maré.
2. Ele seguia com o olhos o ritual da moça.

3. Dê nomes aos personagens.
4. Crie um diálogo.
5. Crie uma tensão. Um conflito.
6. Mas resolva esse caso de amor.
7. Não tenha medo da felicidade ou infelicidade deles.

Poema

1. Conte a mesma história em versos.
2. Elimine os conetivos, os pronomes pessoais, as adversativas, os liames.
3. Deixe os versos respirarem.
4. Observe e beba o silêncio que há neles.
5. A música (mesmo silenciosa) do poema é fundamental.

Bedelhando a palavra final da revista Época:

Responda inicialmente:
1. Até que ponto a vivência, a convivência e a memória são fontes para a criação literária?
2. A infância é a sua matéria-prima?
3. Em algum momento, você saiu da infância? E da adolescência? Ou é o momento atual, o agora, que importa?
4. Faça um paralelo entre a infância (ou o tempo que ficou para trás) e o tempo atual.
5. Qual o segredo da longevidade, de continuar escrevendo?
6. O que você pretende (ainda) escrever?
7. Você se sente mais livre para escrever agora do que na juventude?
8. Existem mundos diferentes. Qual mundo prefere? O do dia-a-dia ou o do faz-de-conta?
9. Dizem que os passarinhos, as crianças e os andarilhos têm o dom da poesia. Você acredita nisso? O que é preciso para ter esse dom?

10. Você prefere ler prosa (romance, contos) ou poemas? E para escrever qual é a sua preferência, prosa ou poesia?
11. Qual é o espaço da escrita, da arte, num mundo cada vez mais utilitário, mais tecnológico?

De posse de suas respostas, faça um texto pessoal sobre a arte do escrever.

📎Lembrete:

Todos somos escritores, só que uns escrevem, outros não (SARAMAGO).

Quando alguém pergunta a um autor o que este quis dizer, é porque um dos dois é burro (QUINTANA).

Existem três regras para escrever ficção; infelizmente ninguém sabe quais são elas (SOMMERSET MAUGHAM).

Cada um escreve do jeito que respira. Devo minha literatura à asma (FABRÍCIO CARPINTER).

Ainda bedelhando a entrevista anterior. Trocando os papéis e a identidade.

Troque seu texto com o colega. De posse do seu texto, o colega escreverá na primeira pessoa o seu perfil. Faça o mesmo com o texto dele.

Bedelhando os diálogos impossíveis.
Continue o telefonema abaixo:

Cadê você?

- Alô, alô, quem fala, Manuelina?
- Ah...
- Quero falar com Manuelina. Como? Não existe nenhuma Manuelina neste telefone? Impossível, ela me deu este telefone ainda ontem.
- Sinto muito.

- A senhora não está enganada?

- Senhorita.

- Desculpe. Devo ter ligado algum número errado. Estou sempre errando os números.

- Não se preocupe, você não é o primeiro que erra número de telefone. Hoje você é o terceiro que liga enganado. Meu pai também era assim. Nunca acertava um endereço. Se a rua que procurava era Monte Verde, acabava na Monte Azul. Quando era para virar à direita, virava à esquerda ou seguia em frente. Se o prefixo do telefone era 233, ele discava 332. E aqui na Casa Amarela ele fazia tudo errado. Uma vez quis organizar o fluxo do pessoal. Colocou placas por todos os lados. Uma loucura. Até hoje há gente querendo chegar no Bloco A e ainda está no C. O banheiro feminino virou masculino. E sabe de uma coisa? Tem gente que erra de banheiro até hoje. Acho que é de propósito. Você nem imagina o pandemônio que foi e que ainda é.

- Anh... devo ter lido um número e discado outro. Estou falando com quem? Com uma repartição pública, secretaria de governo, hospital, pensão...

- Aqui é a Casa Amarela. Embora meu pai tinha feito um cartão de visita e espalhou *folders*... E assim que se diz, *folder*?

- Por que a senhora não diz folheto?

- Senhorita.

- Desculpe.

- Mas *folder* é mais chique que folheto, você não acha?

- Não acho nada. Queria apenas falar com a Manuelina.

- Mas sobre o que estávamos falando?

- Da Casa Amarela.

- Pois é. Ele espalhou uns *folders*, digo folhetos, com o nome de Casa Vermelha e ainda trocou o nome da rua. Aqui é Santo Antônio e ele colocou São João. São coisas da vida. Isso acontece, não fique preocupado, mas quem você procura mesmo? Você disse Manoela?

- Manuelina.

- Por aqui deve ter passado uma Manuelina. Aqui passa tanta gente. Se você soubesse como é o trânsito de pessoas aqui, ficaria doido. Aliás, doido é o que não falta aqui.

- Manuelina não é doida. Um pouco biruta, atirada, mas doida não é.

- Ninguém admite a loucura. Todos são loucos. A loucura reside neste mundo. Só o louco vangloria de seu estado. Os parentes e os amigos não gostam de ter em casa um louco. Esta sua Manoela dever ser.

- Manuelina.

- Esta Manuelina deve ser uma louca mansa.

- Manuelina é um doce de pessoa.

- Ah, Manuelina, agora estou sabendo quem é. É uma fera no trânsito. Dirigia igualzinho meu pai..

- Manuelina nunca teve carro.

- E quem disse que estou falando de carro? Você parece doido. Ela dirigia os turnos.

(continue o texto....)

O sabor das palavras
e bom apetite

▸▸ Repensando e arte-escrevendo:

Mãe d'água não fugiu do rio. Foi expulsa por uma multinacional. Ela sabe que o Brasil é um verde que desbota, por isso carrega nos olhos toda sede do mundo. Questione sempre, argumente, mas com arte-aroma, arte-sabor.

Relacione palavras que você julga
engraçadas;
sigilosas;
históricas;
delicadas;
saborosas e
favoritas.

Continue o texto de Léo Cunha do livro *Pela estrada afora* (Ed. Atual, p. 43, SP, 95).

Minha palavra favorita sempre foi hortifrutigranjeiro. Não é o sabor. É o nome mesmo, o jeitão esquisito dela, cheia de meias outras palavras. É claro, também tem outras muito engraçadas...

Saboreando o sabor das palavras

Segundo Nilce Rezende Fernandes, que freqüenta as páginas do jornal Estado de Minas, pouca gente imagina como o ofício de escrever é árduo. Não é suficiente dominar o tema abordado, conhecer as técnicas de redação e empregar corretamente as regras gramaticais. Para uma matéria ser selecionada para uma publicação, é preciso muito mais. De nada adianta estar cercado de enciclopédias e dicionários, se o redator não conseguir transmitir sua mensagem de forma clara e criativa. Escrever como se estivesse falando especialmente com um leitor, independentemente de sexo, de faixa etária, atividade exercida ou condição social.

Há um belo texto do pensador Rubem Alves intitulado "Escritores e cozinheiros", no qual estabelece uma relação entre cozinhar e escrever. Segundo o autor, a semelhança está presente até mesmo na etimologia, pois o verbo latino "sapore" significa tanto "saber" como "sabor".

... Mário Quintana compara a poesia com o prazer da degustação, nestes versos: "Eu sonho um poema/ Cujas palavras sumarentas escorram/ Como a polpa de um fruto maduro em tua boca/ um poema que te mate de amor/ Antes mesmo que tu lhe saibas o misterioso sentido/ Basta provares o gosto."

... Muitos leitores acreditam que as palavras fluem espontaneamente para quem tem uma formação acadêmica e procura manter-se bem informado. O escritor sabe que isso não é o bastante. Um curso de culinária e a aquisição de novos livros de receita também não fazem alguém virar um cozinheiro de mão cheia. Se o texto causar a sensação de ter sido escrito sem esforço, certamente., ele será lido com prazer. Quintana diz: "É preciso escrever muitas vezes para que se dê a impressão de que o texto foi escrito pela primeira vez".

Saboreando e degustando palavras:

1. Liste pessoas com nomes de frutas, alimentos, legumes e florestas.
   João Goiaba, José Silva, Pepino de Capri, etc.

2. Dê um sabor para as palavras que se seguem:
   Delícia:
   Beijo;
   Crepúsculo;
   Paz;
   Novembro;
   Poema;
   História;
   Pele e
   Pêlo.

3. Inventando textos com sabor de palavras
   a. Invente um texto em que alguém, ao mastigar uma goiaba, lembra um fato ocorrido na infância ou adolescência.
   b. Invente um texto no qual todas as mulheres têm nome de plantas e flores.
   c. Invente um texto que comece assim: "A mulher era absurdamente gorda. No seu desjejum consumia uma dúzia de ovos com meio quilo de bacon. Nove horas já estava lanchando. No almoço...... (Daniela Lopes Pena, in *A mulher gorda*).
   d. Eu me lembro, eu me lembro de que, durante um almoço domingueiro, aconteceu um fato que agora vou contar....
   e. Eu me lembro, eu me lembro, de um jantar que o prato foi...... e lá estavam.........
   f. Imagine-se na pele de uma galinha que vai virar molho pardo, o que ela escreveria?

4. Saboreando e degustando palavras.

a. Liste pessoas com nomes de frutas, legumes, árvores. (Ex: João da Silva, Pepino de Capri, Maria Goiaba, etc.

b. Dê às cores um sabor. Que sabor tem o lilás, o verde, o vermelho, o amarelo, o azul, o marrom?

Trabalhando em grupo: um jantar.

Ingredientes:

A entrada deve conter alimentos brancos, verdes e vermelhos.

O prato principal deve predominar alimentos de cores escuras.

Já a sobremesa deve ter cores leves.

USE A IMAGINAÇÃO. Não utilize alimentos convencionais de nossa culinária. Faça um jantar surrealista ou regional, mas gostoso.

Várias comunidades serão convidadas para o jantar:

1. A comunidade palitense, só come palitos (bambus, japoneses, homens e mulheres palitos, etc.).
2. A comunidade automotiva só come carros (latarias, pneus, motor, etc).
3. A comunidade estelar adora estrelas (de primeira grandeza, do mar, do cruzeiro do sul, das telenovelas, apagadas e acesas).
4. A comunidade eclética come sem distinção. Come de tudo e de todos.
5. A comunidade surpresa gosta de surpresas, qual será o jantar dela?

Receita de mulher

O que disseram:

• A intuição de uma mulher é mais precisa que a certeza de um homem (Rukyard Kipling).

- A mulher é a poesia de Deus; o homem, a simples prosa. (Napoleão Bonaparte)

- Nenhuma situação é tão complicada que uma mulher não possa piorar. (Tom Jobim)

- A vida é dura. Os homens não gostarão de você, se você não for bonita, e as mulheres não gostarão de você, se você o for. (Aghata Christie)

- Um homem perde o senso de orientação após quatro drinques; uma mulher, após quatro beijos. (Henry Mencken)

- A mulher é igual à sombra: se correis atrás dela, foge-vos; se fugis dela, corre atrás de vós. (Alphonse Lamartine)

- O olhar de uma mulher faz pouco até de Deus. (Chico Buarque, in: *Revista de domingo* – JB – 5 mar. 2004)

Sua vez:

1. Selecione a frase ou as frases de que você mais gostou.

2. Contribua também com uma frase sobre a mulher.

3. Receite uma mulher para alguém, mas antes faça a bula:

   - Informações ao paciente
   - Indicação
   - Contra-indicação
   - Precaução
   - Posologia
   - Superdosagem
   - Pacientes idosos
   - Recomendações importantes

 Lembrete:

O corpo é um quintal

Maçã do rosto
Batata da perna
Manga de camisa
Cabeça de mamão
Olho de jabuticaba
Cara de banana
Cabelo de milho
Rubor de pimentão
Hálito de cebola:
- Moça, você é um chuchu!
Mas não resolve o meu pepino
E escorrega como quiabo.

(Márcio Almeida, MG, Garatuja, 7 mar. 1996,
In: *Mulheres emergentes*, ano 7, março de 96.)

As mil maneiras de criar

a arte de criar, de escrever, de exercitar

▶▶ As 1000 maneiras de arte-criar:

Édipo nunca teve Complexo de Édipo. Édipo nunca soube o que era Complexo de Édipo (não havia espelho naquele tempo). Édipo era um cara apressadíssimo. Teve mãe e esposa, tudo de uma vez só. Questione sempre, indague, procure, exercite, mas com arte-humor, arte-risada.

Criatividade não é um dom

Lendo o caderno Negócios do Jornal Folha de S. Paulo, fiquei surpreso com as afirmações do publicitário e professor Stalimir Vieira quando diz "o criativo não é um mágico. Ele não inventa do nada. Precisa ter muita informação e envolvimento com o trabalho". Segundo ele, o "o dom da criatividade" não passa de informações suficientemente acumuladas a respeito de algo e usadas no momento adequado para causar emoção.

"A criatividade é estimulada pela convivência. Não existe criativo ermitão. Para ser 'inspirado' é preciso buscar a convivência com todos os padrões humanos." Essa convivência com todos os padrões humanos significa livrar-se dos preconceitos contra idéias ou fatos novos.

"O compromisso com a lógica formal é um dos problemas da evolução criatividade. É preciso aceitar a contradição, a dúvida, a ambigüidade."

Um criativo tem de ser permanentemente insatisfeito e possuir a capacidade para enfrentar os riscos necessários na vida. Enfim, é preciso provocar a sensibilidade..

☞Você concorda com o autor ou ainda crê nos anjos e nas bruxas?

Arte-exercitando: fabulando

1. Imagine-se no mundo animal. Observe os bichos. São muito diferentes. Uns cantam, outros urram. Uns são carnívoros, outros ruminantes.
2. Imagine, agora, os bichos falando. O que diria o elefante ao rato? O sapo para a cobra, a águia para o vento?
3. Tente estabelecer um diálogo entre os bichos. Escolha os animais e os deixe falar.

Arte-criando: uma história

1. Onde vai passar a nossa história?
– Talvez em Espera Feliz, ou Guadalupe de la Sierra ou numa galáxia qualquer.
2. Quem serão os personagens?
– Talvez João. Quem sabe Orozimbo? Manuelinha e Padre Arcádio também podem aparecer. Jacinta, o soldado Xavier e a morena Amparo podem participar da trama. Quem sabe nenhum deles, mas a turma que joga sinuca no bar do João?
3. O que eles querem?
– Querem ir para Tinguá, mas onde fica Tinguá? Ou querem defenestrar o ditador Ramiro Gonçalo e criar uma república para plantar girassóis azuis. Ou não querem nada disso, querem apenas dançar um chorinho?

4. O que vão fazer para conseguir o objetivo?
– Descobrindo o segredo que Mariel Gastão guarda no porta-seios? Ou revelando a corrupção que grassa e maltrata o governo ou participando dela?
5. Quem vai ajudá-los e como?
– Pedem ajuda ao palhaço Aleluia que já esteve no meio do Congresso e da corrupção. Ou pedem ao menestrel Jacinto Parra para sugar os seios de Mariel? Ou nada disso?
6. Quem vai querer atrapalhar o plano e por quê?
– É o delegado Franco que não gosta do Aleluia ou é o maricas do Samuca quem tem livre acesso aos seios de Mariel?
7. O que acontece?
– Acontece de tudo, porque tudo pode acontecer. O Congresso fica limpo, Mariel não tem segredo nenhum. Aleluia nem palhaço é, ou nenhuma dessas opções.

Criando sempre a partir de algumas sugestões:

Sugestão 1
Abra um livro ao acaso. Retire da página aberta uma palavra e crie um texto começado com a palavra escolhida.
Passando a limpo:
Refaça o texto. Se possível, faça outro texto. Escrever é cortar.

Sugestão 2
Construa um texto que tenha diálogos, mas não utilize os sinais convencionais (travessão ou aspas). Ex: João e José olharam para o céu nublado. Chove ou não chove? Sei não. Mas hoje é Dia de S. José. Então, chove. Vai atrapalhar a festa do casamento de Nenzinho. Faz mal não. Como não faz mal? Sou o pai da noiva, e a festa será no terreiro, a céu aberto....

Passando a limpo:
Refaça o texto. Retire o supérfluo. Corte o que for desnecessário. Use agora os sinais convencionais e as rubricas (indicações

da fala). Ex: ele pensou (com raiva), ainda mato um!... era o professor desesperado diante da algazarra de seus alunos..., etc.)

Sugestão 3

Escreva um texto sem pontuação. Deixe-o respirar sem auxílio de aparelhos, digo, sinais de pontuação. Ex. Ele foi chegando e acendendo a luz e dizendo que estava na hora de irmos para o rio a barca iria chegar dentro de minutos e a nossa tarefa era a de pegar a mercadoria e deixá-la na casa do Seu Freitas.

Passando a limpo:

Refaça o texto e o pontue depois.

Sugestão 4

Santo Antônio, São João e São Pedro são festejados em junho. Santo Antônio é casamenteiro, S. João batizou Jesus, São Pedro tem a chave do céu, por isso junho é um mês especial e façamos dele mais especial ainda, contando histórias que acontecem agora.

1) João e Antônia, quando meninos, plantaram um ipê amarelo às margens da Lagoa da Pampulha, próximo ao Museu de Arte. O mundo rodou.

Antônia cresceu, casou-se, mudou.

João viajou para Europa. Para Ásia e para a Bahia.

Agora madurão, viúvo, procura lembranças. Lembra do ipê. Pensa alto: será que ainda está lá? E Antônia, em que longitude se perdeu?

Antônia, no Dia de Santo Antônio, seu santo protetor, sonhou com o ipê e com o João. Ao acordar, lembrou-se do sonho e de João e pergunta: cadê o meu ipê e o meu João?

AGORA É COM VOCÊ, termine esta história e introduza, se possível, um Pedro como personagem.

2) Continue o texto que se segue. Use palavras que nos remetem aos santos, às fogueiras, aos amores que se incendeiam,

às cores, aos vestidos, aos chapéus, etc. Ex: pipoca, canjica, chapéu de palha, vestido de chita, saia rodada, rosto pintado, trança, fogo, fogueira, brasa, luz, lume, lua cheia, beijo, frio, fazenda, escuro, música, puxador, quadrilha, assombração, fogão de lenha, etc.

Atenção, um pouco de erotismo é saudável. Pimenta faz bem ao coração.

Eu te quero, São João, te quero pipoca,
canjica, balão, roça, paixão.
Te quero estrela, fogueira, etc...

3) Brinque com a biografia, títulos dos livros e versos de Cecília Meireles:

Cecília Meireles nasceu no Rio de Janeiro, no dia 7/11/1901. Faleceu no dia 9/11/1964. Escreveu *Viagem, Vaga música, Mar absoluto, Retrato natural, Amor em Leonoreta, Doze noturnos da Holanda, O aeronauta, Romanceiro da Inconfidência, Canções, Romance de Santa Cecília, Pistóia, Cemitério militar brasileiro, Dispersos, Poemas escritos na Índia, Metal rosicler, Ou isto ou aquilo, Crônica trovada e inéditos.*

Minha esperança perdeu seu nome...

Nestas pedras caiu, certa noite, uma lágrima...

O pensamento é triste; o amor, insuficiente;
E eu quero sempre mais do que vem nos milagres

Sou entre flor e nuvem,
Estrela e mar.
Por que havemos de ser unicamente humanos,
Limitados em chorar?

Dorme, meu menino, dorme...
Dorme e não queiras sonhar.

Eis que chega ao Serro frio,
À terra dos diamantes
O Conde de Valadares,
Fidalgo de nome e sangue,
José Luís de Meneses
De Castelo Branco e Abranches.

Essa paixão que na sombra exaspera
E os versos de asas douradas,
Que amor trazem e amor levam...
Anarda, Nise, Marília...

Atrás de portas fechadas,
À luz de velas acesas,
Entre sigilo e espionagem,
Acontece a Inconfidência.

Ou se tem chuva e não se tem sol
Ou se tem sol e não se tem chuva!

Não sei se brinco, não sei se estudo
Se saio correndo ou fico tranqüilo.
Mas não consegui entender ainda
Qual é melhor: se é isto ou aquilo.

Arabela
Abria a janela

Carolina
Erguia a cortina

E Maria
Olhava e sorria:
" Bom dia!"

(Trechos de poemas da *Obra completa* de Cecília Meirelles)

Prática:

Brinque com os textos de Cecília. Emende um no outro.

Ex. Arabela tem 7 anos. Gosta de sorvete, de ver a lua redonda, de brincar de roda e de escutar histórias de assombração. Já o Conde de Valadares gosta do *mar absoluto* e de escutar uma *vaga música*.... etc., etc., etc.

 Lembretes:

1. Passarinho que se debruça - o vôo já está pronto.
2. Cada criatura é um rascunho a ser retocado sem cessar.
3. Tudo o que muda a vida vem quieto no escuro, sem preparos de avisar.
4. O que Deus quer é ver a gente aprendendo a ser capaz de ficar alegre a mais, no meio da alegria, e ainda mais alegre no meio da tristeza. Assim, de repente, na horinha em que se quer, de propósito – por coragem.
5. Viver é plural.

(Frases de Guimarães Rosa)

A arte de desler e desaprender

▶▶ Relendo o mundo com olhos de arte-ver, de arte-vislumbrar, de arte-criar.

Questione sempre, mas com arte-visão, arte-paisagem, arte no claro do olho escuro. Estou pleno de ignoranças e noturnidades. Descubro que o palito de fósforo provoca o fogo do povo e da paixão. É este o fogo que aquece o estômago e mata de medo os meus cachorros com os trovões e foguetes. Mas mesmo assim quero a febre de seus lençóis e a leve brisa das labaredas.

O teólogo Leonardo Boff dá algumas dicas sobre o ato de ler. Segundo ele, ler significa reler e compreender, interpretar. Cada um lê com os olhos que tem. E interpreta a partir de onde os pés pisam. Todo ponto de vista é a vista de um ponto.

Para entender alguém como alguém lê, é necessário saber como são seus olhos e qual é a sua visão de mundo. Isso faz da leitura sempre uma releitura.

A cabeça pensa a partir de onde os pés pisam. Para compreender, é essencial conhecer o lugar social de quem olha. Vale dizer: como alguém vive, com quem convive, que experiências tem, em que trabalha, que desejos alimenta, como assume os dramas da vida e da morte e que esperanças o animam. Isso faz da compreensão sempre uma interpretação.

Sendo assim, fica evidente que cada leitor é co-autor. Porque cada um lê e relê com os olhos que tem. Porque compreende e interpreta a partir do mundo que habita. Com esses pressupostos, vamos escrever algumas histórias:

☞ Responda: você acha que ler é só isso? Conte a sua experiência com a leitura. Você se lembra de sua alfabetização?

Deslendo sempre o cotidiano:
Escolha uma das opções abaixo e deixe a imaginação e a escrita tomarem conta de você.

1. Um velho professor viaja de Belo Horizonte a Berilo, no Vale do Jequitinhonha, para receber o título de cidadão honorário daquela cidade. No trajeto, relembra cenas da infância que passaram em Berilo. Como aquela história da vaca cega que comeu a camisa de Marieta que estava estendida na árvore enquanto ela, Marieta, tomava banho de rio.....

2. Mãe e filha reencontram-se no velho casarão da família em Itaúna/MG. Descobrem um velho álbum de família. Começam a recontar o passado, quando a filha, apontando para uma fotografia, diz para a mãe: "olha como era rechonchuda e rosada. E aquele ali não é o Rosauro que se suicidou por que a mãe suspeitava de sua masculinidade?..."

3. O pai, ao assistir a uma partida de futebol do filho, volta no tempo e começa a lembrar não só do futebol como dos bailes no Minas, do *footing* da Praça da Liberdade, com auxílio de algumas palavras (goiaba, pé-de-moleque, mal-me-quer, sereno, madrugada, donzela, quindim, fita azul da Primeira Comunhão, missa das seis, maria fumaça, bonde, baile de formatura e começa a tecer um enredo que é sempre assim:........

4. Prima Julieta, jovem, viúva, aparecia de vez em quando na casa de meus pais. O marido lhe deixara uma fortuna substancial. Nós éramos os primos pobres. Prima Julieta propôs ...

5. Em Santa Maria do Itabira/MG, a moça de nome Rosângela G., que também se esconde em Rosa del Rio, escreveu "Tu, mulher medrosa. Amarás aquele que puser a mão entre o botão e a casa de teu vestido e deixarás, enfim, que o gesto dele se estenda inteiro sobre tua carne só. E o moço João de Deus que se disfarça no nome de Ezequiel de Cotegipe de Belo Horizonte respondeu:

Alguma coisa a respeito de livros:

Como se tornar um bom leitor? Já que a leitura é uma das formas mais eficazes de desenvolver a imaginação e enriquecer a visão do mundo.

Começar um livro é como conhecer uma pessoa. No início, você estranha a figura, acha o mundo dela esquisito. Com o tempo, você começa a perceber que ela é legal ou não.

Os grandes livros são chatos no começo porque falam de um que você não conhece, com personagens e linguagens desconhecidos para você. Depois de umas 20 páginas, você acaba entrando no ritmo do livro. Por isso, ritmo é uma das palavras-chave que o escritor dá ao seu texto. Geralmente tentamos impor nosso ritmo à frase do escritor. Quando você descobre o ritmo dele, não é você quem entra no tempo dele; quem entra em você é o escritor" afirma o editor Pedro Paulo Sena Madureira (In: Folha de S. Paulo, 27 abr. 1998).

☞Responda
　1. Para você LER é..
　2. Você tem uma relação amorosa com o livro?
　3. Você se prepara para ler um livro?
　4. Qual é a importância da capa de um livro?
　5. Ler é viajar?
　6. Você prefere ler um livro deitado, sentado ou viajando?
　7. Você tem o hábito de reler livros?
　8. Qual o último livro que você leu?

Brincando: arte-lendo
Faça um texto cotejando os títulos dos livros abaixo:

> O sol também se levanta
> Por quem os sinos dobram
> Grande sertão: veredas
> Brejo das almas
> Tereza Batista cansada de guerra
> A torre de Babel
> O fio da navalha
> O fim de tudo
> A divina comédia
> O som e a fúria
> As vinhas da ira
> Lição de coisas
> Helena
> Confesso que vivi
> Crime e castigo
> Paris é uma festa
> Viva o povo brasileiro
> O vermelho e o negro
> O coronel e o lobisomen
> Memória de Adriano
> A montanha da alma
> A insustentável leveza do ser
> Dona Flor e seus dois maridos
> O jogo da amarelinha
> Ulisses
> Gabriela cravo e canela
> Recordação da casa dos mortos
> Longa jornada noite a dentro
> Vinte poemas de amor e uma canção desesperada
> Um bonde chamado desejo.

*21 desconselhos para quem quer conhecer
a Arte de desLER e desAPRENDER.*

1. Leia o texto, primeiramente, em voz alta.

2. Leia uma frase saltando sempre uma palavra.

3. Leia o texto saltando sempre uma frase, de forma intercalada.

4. Leia o silêncio que há entre uma palavra e outra.

5. Leia as entrelinhas.

6. Leia sempre o contrário. Se existir um NÃO, substitua-o por um SIM.

7. Escreva todas as palavras que te metem medo.

8. Escreva os palavrões mais cabeludos e depois jogue-os fora.

9. Escreva seus desejos inconfessáveis, depois mande-os para o limbo.

10. Descreva uma cena de sexo violento, bizarro e não importe com a avaliação de sua família e vizinhos.

11. Assuma o papel dos personagens com coragem. Se for um cego, tateie. Se for peixe, nade. Se for aranha, teça... Se crente, creia. Se revolucionário, atire.

12. Seja cruel ao descrever qualquer cena. Abuse dos termos "proibidos".

13. Olhe ao redor. As coisas estão vivas. Querem você. Escute-as. Tenha paciência. Um dia seu texto aflora.

14. Olhe no espelho. Verifique se suas coisas estão no lugar. Se há dedos em suas mãos. Se há duas orelhas. Uma boca. Se os olhos ainda piscam. Reveja seus escritos antigos. Note se há palavras em excesso ou se há falta delas.

15. Desaprenda toda ciência herdada, adquirida e tente entender o barulho das pedras, o silêncio dos relâmpagos, a rapidez de uma tartaruga.

16. Esqueça seus valores, sua cultura, sua religião e conviva com os mendigos e escreva sobre a ronda noturna de um vira-lata.

17. Tire o terno, raspe o cabelo, ponha um bigode falso e use um boné vermelho. Tente entrar em sua empresa, sem ser barrado. Quais as palavras que serão utilizadas para convencer o segurança?

18. Toda história de amor é sempre uma história de amor, então convença o seu não-amor com novas palavras de amor e morte.

19. Tire os óculos. Lave os olhos. Abra os olhos e veja as pessoas conhecidas como se fossem desconhecidas. Tente um diálogo com elas.

20. Valorize as pequenas coisas. Um papel de bala, o olhar pedinte do cachorro, uma lua nada cheia, a moça suburbana de roupa de chita e sorriso guloso, o rapaz que olha para a frente sem perspectiva, a solteirona e suas esquisitices, a mãe que espera o filho madrugada a fora, o poema que resiste à palavra, a notícia velha forrando o chão do boteco, o político quase honesto, os etceteras das esquinas. Faça um diário relatando com essas pequenas e surpreendentes epifanias.

21. Não espere a inspiração. Corra atrás dela. Invente palavras. Beijos. Desejos. Cartas. Viva o seu mundo interior intensamente e dê uma banana para a mesmice escreva, escreva, sem censura. Esqueça o que seu marido vai achar de sua história. O seu pai não tem que achar nada, nem seu vizinho. Você é que deve avaliar se o seu texto é mesmo seu ou se você faz concessão para não desagradar os outros. Quem manda em seu texto é você e suas palavras. Desleia sempre e continue desaprendendo *per omnia secula seculorum, amen.*

🖎 Lembrete:

É preciso ler. Ler o mundo, ler as esquinas. Ler as pessoas. É preciso ler os pobres e com eles aprender um pouco da humildade, tolerância e sabedoria. Ler os jornais, revistas, esquinas e bares. É preciso ler os poetas e aprender com eles um pouco da rebeldia e ternura. É preciso ler as mulheres e conhecer um pouco das artimanhas do mundo. É preciso ler os lábios e decifrar palavras que possam modificar nossas vidas. É preciso ler o cotidiano para tirarmos lições para o futuro. É preciso ler a letra que demarca as margens do coração e aponta para os horizontes impossíveis, improváveis, mas encantadores e mágicos. É preciso ler... (In: *Lua Cheia de Sol* de Ronald Claver, Ed. RHJ)

Folhetim,
o jornal que você quer ler

▸▸A arte do dia-a-dia pensando e repensando a prensa, e a pressa de arte-noticiar:

A versão faz sucesso O fato às vezes não. A versão tem pimenta, tem pecado. A verdade é crua, dói e não faz graça. Questione sempre, argumente, pergunte, anote. Faça do fato uma versão verdadeira, sem iludir, mas com impacto, com arte-criação, com criação e arte.

O que você prefere, o fato ou a versão? Dê a sua opinião.

☞Responda sem mentir:

1. Você lê jornal?
2. O que você lê?
3. Qual o caderno que você lê primeiro?
4. Como você classifica a linguagem do jornal?
5. Você concorda que há vários registros de nossa "língua" no jornal?

6. Você acha que a crônica achou o seu lugar nas páginas do jornal?

7. Você tem preferência por algum cronista?

8. Por que os jornais não abrem espaços para poemas, contos ou trechos de romances?

9. Você sabia que, nos primeiros anos de nosso jornalismo, os jornais publicavam romances em capítulos? Eram os folhetins. Machado de Assis, José de Alencar, Lima Barreto, entre outros, participaram desse momento. Hoje esse espaço é ocupado pelas novelas da TV. Acha que hoje é possível repetir o passado?

10. É preciso mudar a cara e o conteúdo dos jornais?

Prática 1:
O folhetim das maravilhas:
o jogo duplo ou jornal que você quer ler e escrever

1. Os jornais são sempre quase iguais

A primeira página do jornal é onde residem as manchetes. São notícias rápidas. São chamativas. Sedutoras. Convidam o leitor para apreciá-las ao longo dos cadernos. Vêm de nosso cotidiano nem sempre lírico ou encantador. Às vezes ameno, rico, sofisticado, inútil, esportivo.

JORNAL DE ONTEM, DE HOJE, SEMPRE

A CHINA INVADE O BRASIL

O plano chinês é fazer do Brasil uma nação amarela.. Eles vêm de várias regiões da China. Ocupam os principais cargos de Brasília, atuam nas universidades, há um enorme contingente deles na Amazônia, sem contar com os comerciantes que estão em todos os quadrantes do país.

AFFONSO ARINOS LANÇA, NESTE JANEIRO DE 1917, LIVRO COM PREFÁCIO DE OLAVO BILAC

Lendas e Tradições Brasileiras de Affonso Arinos já está à disposição do público. No prefácio, o poeta Bilac diz: Affonso Arinos resumiu com precisão cruel, os males que nos adoecem e nos envergonham: a dispersão dos bons esforços; o desamparo do povo do interior, dócil e resignado, roído de epidemias e de impostos,: a falta de ensino; a desorganização administrativa; a incompetência econômica; a insuficiência; a ignorância petulante e egoísta dos que governam este imenso território, em que ainda não existe nação.

MAIS UM DITADOR CAI NA AMÉRICA LATINA

O ditador Mendonça Guitierrez de Ossassunha ficou de joelhos após tropeçar no degrau das escadarias de seu palácio.

Guitierrez sofreu pequenas escoriações e ganhou um hematoma no olho esquerda. Segundo assessoria médica, passa bem.

GALO DESENCANTA, MAS AINDA SEGUE NA SEGUNDONA

O glorioso Clube Atlético está tendo dificuldade em vencer seus adversários. A esperança é voltar logo para a primeira divisão e alçar vôos maiores.

VIDA APÓS A MORTE, QUEM DISSE QUE NÃO HÁ?

O bruxo de Cosme Velho, o nosso Machado de Assis, acaba de publicar, no limiar do século XX, "Memórias póstumas de Brás Cubas". Quem narra é um defunto-autor. Coisas de nossa modernidade e mediunidade.

2. Mudando as regras e virando o jogo

Proponho o jogo dos contrários. Se você tiver a coragem de interferir na realidade, você pode criar outro mundo, com novas regras, impactos. Crie o seu próprio jornal. Leia o que você quer ler, basta interferir nas manchetes e fazer um jornal à sua imagem e semelhança. E desenvolva em forma de notícias, editoriais, crônicas, as manchetes e as notícias modificadas.

Exemplo:

A CHINA _NÃO_ INVADE O BRASIL

Ela acha que o Brasil é apenas uma massa de pastel. Por isso a nação brasileira que já tem a cor amarela na bandeira, agora tem uma pastelaria em cada esquina..

AFFONSO ARINOS LANÇA LIVRO

e Clóvis Rossi constata que o Brasil continua o mesmo ou pior. O povo continua dócil e resignado, mas não só no interior, mas nas capitais, nas escolas e em tudo. Os governantes continuam cada vez mais petulantes, governam acima da lei e da ordem. Continuam impunes e desconhecem as mazelas que seus pares causam a este país grande e bobo.

MAIS UM DITADOR CAI

A verdade é outra. Gutierrez de Ossassunha que deve ser o último ou penúltimo ditador latino americano que não caiu, apenas tropeçou no povo.

O GALO DESENCANTA

e faz as pazes com as vitórias e com a glória. Hoje é um dia histórico na vida do Glorioso. A vitória de 5X1 sobre o Real Madrid em Tóquio coloca o time mineiro no panteão dos vitoriosos.

MOÇA REALIZA SONHO

A suburbana Marildes Honório foi descoberto por um fotógrafo italiano quando vendia bugigangas na praia de Ipanema. Paolo Venturi, fo se encantou com a beleza nativa da vendedora. Não deu outra, hoje a nossa Marildes é capa da revista Regina de Roma. Vejam nesta edição a encantadora brasileira que tem os olhos, a boca e a sedução de Loren.

RONALDO CANTA E VIRA RECORDISTA DE DISCOS

O ex-jogador Ronaldo Nazário, cansado de brigar com a balança, resolveu mudar de profissão. Como tem o dom de Midas, pulou para a indústria radiofônica, e o seu primeiro CD, Cantando e Engordando, já é um sucesso de vendas. (etc. etc.)

CONEXÃO CELESTE

Caso você queira ler uma crônica de nossos artistas falecidos, escreva para esta coluna e você poderá ter o seu artista de volta. Maria da Abadia, de Araxá, quer ler uma crônica do nosso saudoso poeta Carlos Drummond de Andrade: Fim do Mundo. O mundo não acabou, Maria Abadia. O homem é quem vai acabar com o mundo; em todo caso, leia o livro *A bolsa e a vida*, o fim do mundo está lá.

CARTAS: O AMOR FAZ BEM.

Quem disse isso foi o jovem Godofredo Nunes. Confessa que passava por uma depressão quando conheceu a vendedora de flores Nazareth de Souza na Feira das Flores da Av. Carandaí. Entre uma orquídea e uma rosa, houve um espinho que perfurou o dedo do comprador. A vendedora solícita cuidou do freguês com muito carinho. O dedo demorou para sarar e só sarou quando a amizade inicial criou raízes e virou amor. (etc.)

JOGADORES NOVOS DEIXAM O TIME

Os jogadores Juninho, Robinho e Gil merecem todo o nosso apoio porque tiveram coragem e desafiaram o todo-poderoso Parreira. (etc.)

Prática 2:

1. Converse com seus alunos sobre o nosso jornal de cada dia.

2. Mostre a eles as várias linguagens contidas em um único jornal.

3. Mostre também como o jornal é dividido em cadernos.

4. Fale dos profissionais que produzem os cadernos.

5. Visite uma redação de jornal.

6. Deixe os meninos sentirem como pulsa o coração de um jornal.

7. Crie, na sala de aula, uma redação de jornal.

8. Aproveite o potencial de seus alunos.

9. Procure incentivar as vocações: os desenhistas (charges) os literatos (crônicas, resenhas de livros, etc.), os esportistas (crônicas, comentários, análises). Os pragmáticos (notícias em geral: economia, política, etc.). Os promotores (shows, coluna social, moda, etc.).

Prática 3 (individual):

Desenvolva um jornal, privilegiando algumas colunas. Exemplo:

-As interferências da primeira página.

- Desenvolva crônicas sobre determinados assuntos (Ex. futebol, política ou cultura em geral).

- Responda cartas fictícias. Crie uma história que envolva os dois missivistas.

- Conte a história (em capítulo) do menino que vai surpreender o mundo.

- Crie uma coluna de absurdos. Tudo que não poderia acontecer acontece em sua coluna. Ex. cachorro falar e ser comprovado.

- Auto-ajuda: invente histórias absurdas sobre o relacionamento das pessoas e aponte soluções.

A arte de escrever o bar

▶▶ Matutando em mesa de bar e arte-escrevendo:

O bar é um barco que soçobra no oceano das cidades. É onde a lua está sempre cheia, a loura é bela, e ilumina a escuridão de nossa goela. Na mesa ou no balcão do bar, é onde acontecem os negócios, as amizades, os flertes, os casamentos. Os pastores do bar são solidários ao extremo e ninguém esquece o aperitivo do santo. Argumente, pergunte, indague sempre, mas com arte-boteco, arte-relaxante, arte-desprendimento.

Proposta: Papo de boteco

Boteco que se preza tem mesas na calçada, um balcão de mármore, garçonetes atraentes, garçom popular, bebuns inofensivos, violão de quando em vez, churrasquinho, brigas futebolísticas, cachaça marvada, palavras jogadas fora, casais incomuns, amantes esporádicos, solitários imperdenidos, menino que leva e traz, aposentados cheio de histórias, ex-jogador de futebol, policiais inativos, PM na ativa, louras esporádicas, mulheres que desafiam a noite, poetas sem livros.

Chatos de carteirinha, estudantes, velhos que jogam damas, a turma do truco e um cachorro vira-lata uivando para o céu sem lua.

☞Responda rápido:

Você acha que boteco é essa maravilha multicultural, mística, transcendental, iluminada, cáustico, poético, humano que o texto acima apregoa? Ou não passa de um estabelecimento comercial como outro qualquer?

"E, por falar em conversa, onde foi que ficou a nossa velha amizade, aquele papo furado, todo fim de noite no bar do Leblon. Que tempo bom. Tanto chope gelado, confissões à bessa, e foi acabar em samba, que é a melhor maneira de se começar." (Samba cantado por Dóris Monteiro)

Proposta:

Para inventar um bar na imaginação, é preciso que você ou sua turma observe um bar de verdade. Veja como os usuários se comportam. No bar, eles se soltam, relaxam. O bar só não é um divã de psicanalista, porque não há sofá nem psicanalista. Todos são filósofos, poetas, médicos, policiais, vendedores, mecânicos e aposentados. Ah, os personagens não ficam apenas nos coroas. A turma nova chega e toma conta do espaço: turma do *funk*, dos universitários, da fumaça, das meninas perigosas e indecisas, dos que ainda querem atravessar as fronteiras, dos bebuns precoces, dos barulhentos e dos que entendem precocemente a ternura e o vazio que habita no peito dos mais velhos. O bar é isso ou quase isso. Os freqüentadores ganham apelidos: Garrafinha, Gambá, Dentista, Tam, Ronaldinho, Xuxa. Os papos não variam. Entra mulher, sai futebol. Bola vai para fora entra a política. Compro um carro e viajo? Aspirina ou viagra? Filhos? Melhor não tê-los, mas como sabê-los? (Obrigado, Vinícius). Filosofia é quando a cerveja acaba, e o bar fecha a porta.

O tira-gosto é cartão de visita do boteco. E, quando encontramos uma dobradinha, um chouriço, moela, costelinha, rabada, almôndega, frango à passarinho, pastel e pescoço de peru, pode saber que o boteco é da melhor qualidade.

Não podem faltar cerveja gelada, pinga, uísque, traçado, campari, faremos concessão para o refrigerante, o suco, a água mineral, para o cafezinho e para o leite, infelizmente, nem todos são abençoados..

Papo de boteco tem sempre filhos, mulheres, sogras, negócios, política, futebol, vida, serviço, piadas, gozações e até brigas.

Para refrescar a memória, sugestões:

Piadas? Como é mesmo aquela?

No CTI do SUS, aparece o eletricista avisando:
"Ei, moçada, respirem fundo que vou trocar um fusível."

Ontem, minha mulher e eu estávamos sentados na sala, falando muitas coisas da vida. Estávamos falando de viver ou morrer. Eu lhe disse:
"Nunca me deixes viver em estado vegetativo, dependendo de uma máquina e líquidos. Se você me vir nesse estado, desliga tudo o que me mantém vivo, sim?"
Ela se levantou, desligou a televisão e jogou minha cerveja fora.

A vovó repreende o neto:
-Joãozinho, por que você atirou uma pedra na cabeça de seu primo?
-Ele me beliscou!
-E por que você não me chamou?
-Pra quê? A senhora não iria acertar uma...

Um milionário, dando uma festa em casa, anuncia que oferecerá qualquer coisa a quem atravessar a piscina nadando. Só há um porém: ela está cheia de tubarões.

Tchibun! Lá se vai um homem nadando furiosamente pela piscina. Barbatanas cortam a água, bocas se abrem. Quando parece que ele vai tornar comida de peixe, o rapaz consegue sair ileso.

- Sou homem de palavra, diz o milionário. E você é o sujeito mais corajoso que conheço. Então o que deseja?

Olhando a multidão, o nadador responde:

- Vamos começar pelo imbecil que me empurrou.

A garota chega para a mãe, reclamando do ceticismo do namorado.

- Mãe, o Mário diz que não acredita em inferno!
- Case-se com ele, minha filha, e deixe comigo que eu o farei acreditar.

Papo de boteco ou a cultura do bar – entreouvindo as mesas:

A verdadeira bravura está em chegar em casa bêbado, de madrugada, todo cheio de batom, ser recebido pela mulher com uma vassoura na mão e ainda ter peito pra perguntar; VAI VARRER OU VAI VOAR?

Casamento é a única instituição onde se conquista a liberdade por mau comportamento.

Democracia tem destas coisas: de vez em quando, alguém vai preso em nome da liberdade, né, Millor.

Dizem que a bebida alcoólica dá cirrose, o cigarro dá câncer, e o governo dá canseira.

Algumas vezes, um homem inteligente é forçado a ficar bêbado para passar um tempo com os burros, dizia o Papa Hemingway.

O Valério, aquele carequinha do valerioduto, que tira dinheiro do nada, que faz sopa de pedra, disse que o Zé Dirceu, ex-ministro do Lula sabia, que o tesoureiro Delúbio sabia, que o Huguinho, o Zezinho, o Luizinho, o Donald, o Pluto, o Mickey, todos sabiam do empréstimo ao PT para financiar o Mensalão, menos o Pateta.

Pobre gosta de reclamar: diz que não tem nada, mas, quando chove, diz que perdeu tudo;

Se você sair de casa e for premiado com um cocô de pombo, relaxe e pense na perfeição da mãe Natureza, que deu asas aos pombos, e não às vacas.

Você sabia que a cachaça tem uma relação íntima com a poesia? Ambas inspiram e piram.

Eu não sabia e você?

Diz-se: batatinha que nasce, esparrama pelo chão...Enquanto o correto é: batatinha quando nasce, espalha a rama pelo chão... Outro que todo mundo erra: quem tem boca vai a Roma. O correto é: quem tem boca vaia Roma. Mais outro que todo diz errado: cuspido e escarrado, quando alguém quer dizer que é muito parecido com outra pessoa. O correto é: esculpido em carrara (carrara é um tipo de mármore e é uma cidade italiana.). Dizem que... quem não tem cão caça como gato. O correto é: quem não tem cão caça como gato... ou seja, sozinho...

Depois dizem que bar não é cultura.

Futebol? Religião? Cuidado... não discuta, não goze o time do outro. Futebol é uma caixinha cheia de surpresas agradáveis e funestas. Olha só o que estão falando:

Sabem por que a Seleção perdeu a Copa? Por que futebol se joga com atleta, e não com rei, príncipe, imperador e o melhor do mundo.

O que disseram alguns intelectuais sobre o futebol?

"Foi-se a Copa? Não faz mal. Adeus chutes e sistemas. A gente pode, afinal, cuidar de nossos problemas? (Carlos Drummond de Andrade)

Quem diz que futebol não tem lógica, ou não entende de futebol ou não sabe o que é lógica. (Stanislaw Ponte Preta)

Uma partida de futebol não pode sustar o curso da história. (Olavo Bilac)

Futebol é a continuação da guerra por outros meios. É a mímica da guerra. (George Orwell)

Intelectual brasileiro não sabe bater escanteio. (José Lins do Rego)

O futebol ainda é a melhor metáfora do Brasil como um todo. (Carlos Heitor Cony)

É um espetáculo de brutalidade. Um jogo estúpido. (Lima Barreto)

Prática 1:

O bar é um mundo em miniatura.

Invente um bar.

Reúna os amigos em torno da mesa e os deixe à vontade.

Os leitores querem conhecer seus amigos. Apresente-os.

Conte o que eles falam. Caso tenha dificuldade, arrume sócios para dividir a tarefa.

Prática 2:

O bar é um ponto de encontro.

Há uma mesa e dois rapazes.

Outra mesa e duas moças.

Há troca de olhares.

O que acontece?

Prática 3:

O bar é uma Torre de Babel.

Há várias mesas onde se fala ao mesmo tempo. Tente registrar essas falas.

As cidades subterrâneas

▶▶ **Arte-escrevendo as cidades, arte-desenhando o concreto das cidades, arte-caminhando as rugas da cidade.**

Questione, mas trace a planta de sua cidade com harmonia barroca, misture as tintas dos muros e da liberdade. Procure sempre os caminhos de sua cidade, mas com passos calmos, pés nas nuvens – é proibido escalar montanhas e horizontes. O horizonte é uma linha bamba onde termina o céu. O horizonte de minha cidade era uma linha bamba que terminava o céu. Artefaça a sua cidade e sua idade.

Caminhando por Belo Horizonte

Frei Betto não deixa de pensar a nossa cidade. Dentro da palavra cidade está a nossa idade: C'idade, convenhamos. Por isso há várias cidades dentro de nossos olhos e dentro de nossa memória. Ele diz com muita propriedade que as cidades não deveriam crescer. Assim, seríamos sempre crianças, mesmo quando adultos. Se a minha cidade não tivesse crescido, eu brincaria de esconder entre as árvores plantadas na Avenida Afonso Pena e veria a sombra se deitar ali no meio, entre dois extensos dentes de ferro, abocanhando bondes enchifrados de eletricidade.

Minha cidade cresceu. Será que também cresci? Minha avó, que conhece todos os mistérios, diz que não, apenas me alarguei para cima e para os lados. E me ensinou o caminho para eu voltar à minha cidade: escondo-me na memória e, lá dentro, brinco de menino na cidade que não mudou.

☞ Responda rápido: e a sua cidade, também mudou? Se mudou, como foi a mudança? Melhorou? Sente saudades do menino que ali brincava? Antes de responder, leia o poema de Claver de Luna.

Curral del-Rey

I
Era uma vez uma montanha que rodeava a cidade
A montanha era uma vez que rodeava a cidade
A montanha que rodeava a cidade era cada vez mais
Uma vez
Uma vez a montanha que rodeava a cidade já era.

II
Curral del Rey era o nome de Belo-Horizonte
Um dia o rei foi embora e o curral virou serra
A Serra do Curral tinha um horizonte belo
Os homens acharam que horizonte é palavra bonita
E multinacionalmente levaram o substantivo e a serra.

III
O trem que leva o minério de Minas para o Rio
É um trem igual aos outros que leva o minério
Um pouco da paisagem, do ar e da brisa.
Um trem igual aos outros vai levando o minério
A paisagem, o ar, a brisa de fim da tarde
E um pouco do horizonte ainda belo

Trabalhando e traçando o perfil de nossa cidade.
Reúna as informações a seguir e caminhe pela sua cidade:

1. Uma cidade se faz com quê?
2. Com quantos homens se faz uma cidade?
3. De quantos passos precisa uma rua?
4. De quantas casas precisa um cidadão?
5. De quantas saudades precisa um cartão postal?
6. Qual é a cara de minha cidade?
7. Quais os tipos que habitam minha cidade?
8. Qual é a língua de minha cidade?
9. Minha cidade não gosta de....
10. Minha cidade prefere...
11. Os malucos de minha cidade são .....
12. Minha cidade é minha pátria e vive em mim. Minha cidade é.........

Cidade submersa – da escrita à imagem e a imagem revelando a escrita:

1. Localize em seu CORPO uma cidade submersa e descreva-a.
Ex: Os meus olhos são OS RIOS da cidade. A praça principal de minha cidade fica na altura de meus olhos, etc.
2. Agora tente desenhar seu corpo, a partir da descrição feita.

 Lembrete:
Uma cidade se assemelha às outras
Porém se a amamos é única:
Tem a forma de um coração
Traz nosso aroma predileto
É a paina do travesseiro
Em que repousa nossa fronte.

Belo Horizonte bem querer.
(Henriqueta Lisboa, In: BH: Eddal, 1972, p. 73-74)

Palavras novas nem sempre

▸▸ Repensando a arte das palavras esquisitas e nada nobres:

Não seja ababelado nem acárpico ou catecúmeno. Não queira ser presbiofrênico. Não queira também ser um vaníloquo. Saiba que o mundo está cheio de epígono. E não me confunda com esta idéia absurda de um enxacoco Questione sempre. Na dúvida, consulte o dicionário e escolha as palavras que têm arte-clareza, arte-transparência.

Estava bebericando um tinto dos bons e lendo jornais de ontem ou estava bebendo notícias velhas e lendo a taça de vinho? Não sei. Sei que Flor, uma flor canina, que tem na pele, a cor do hábito de Francisco, o santo, em vez de abanar o ex-rabo e latir, disse, para meu espanto e surpresa, que eu estava cada vez mais DETRAQUÊ. E disse mais: desse jeito você ficará mais ZURUÔ. O que é isso, Flor? Pare de me ACATRUZAR, respondi. Ela riu. Rimos. Deitou aos meus pés e continuei bebendo palavras e lendo o vinho.

☞ Responda rápido: (vale inventar, depois vá ao dicionário e descubra o significado correto das palavras desconhecidas).

Você sabe o que significa DETRAQUÊ? E ZURUÔ? E ACATRUZO? Você sabe de onde vem a palavra RUA? E você sabe o significado primeiro da palavra FORMIDÁVEL? Você sabe o que é uma pessoa JACTANCIOSA? E um funcionário JANÍZARO? E um homem ANCÍPITE?

📎 Lembrete:

As palavras em destaque são da revista LÍNGUA, n. 6.2006. Foram retiradas do artigo "A justiça do insulto", por Luís Costa Pereira Junior.

1. Jogando o jogo das palavras.

Escolha no dicionário quatro palavras que você julga que o seu colega mais próximo não sabe. Ele fará o mesmo com você.

Quem acertar mais ganha este gostoso texto do Quintana.

"Tão comodamente que eu estava lendo, como quem viaja num raio de lua, num tapete mágico, num trenó, num sonho. Nem lia, deslizava. Quando de súbito a terrível palavra apareceu e ficou plantada ali diante de mim, focando-me ABSCÔNDITO. Que momento passei!..." (Mário Quintana. *Agenda poética*. Porto Alegre: Globo, 1977)

2. As palavras daqui não são como as de lá. Faça um texto contemplando as palavras de lá:

Em Portugal, privada é RETRETE, descarga é AUTOCLISMO, banheiro é SALVA-VIDA, estacionar é APARCAR, camisinha é DUREX, sanduíche é SANDES, band-aid é PENSO RÁPIDO, vitrine é MONTRA, fusca é CAROCHA, celular é TELEMÓVEL, estante é ESCAPARATE, cego é INVISUAL, macacão é FATO MACACO, jornaleiro é ARDINA, gari é ALMEIDA, isopor é ESFEROVITE, calcinha feminina é CUECA, mamadeira é BIBERÃO, gol contra é AUTOGOLO, atacante é AVANÇADO, gramada é RELVADO, telefonema é APITADELA, asfalto é

ALCATRÃO, carpete é ALCATIFA, esparadrapo é ADESIVO, fila é BICHA, açougueiro é TALHO, ônibus é AUTOBUS.

3. Um pouco de juridiquês faz menos mal do que muito juridiquês.

Faça um texto utilizando não só as expressões abaixo, como as palavras que você leu nesta unidade:

MODUS VIVENDI – Modo de viver. Convênio provisório entre nações, feito quase sempre por meio de permuta de notas diplomáticas.

RES NULLUS – Coisa de ninguém, isto é, que a ninguém pertence.

SUB JUDICE – Sob o juízo. Diz-se da causa sobra a qual o juiz ainda não se pronunciou.

DATA VENIA – Dada a vênia. Expressão delicada e respeitosa com que se pede ao interlocutor permissão para discordar de seu ponto de vista. Usada em linguagem forense e em citações indiretas.

AD MENSURAM – Conforme a medida. Venda estipulada de acordo com o peso ou medida.

IN DUBIO PRO REO – Na dúvida, pelo réu. A incerteza sobre a prática de um delito ou sobre alguma circunstância relativa a ele deve favorecer o réu.

HABEAS CORPUS – Que tenhas o corpo. Meio extraordinário de garantir e proteger com presteza todo aquele que sofre violência ou ameaça de constrangimento ilegal na sua liberdade de locomoção, por parte de qualquer autoridade legítima.

CAPUT – Indica o início, a primeira parte de um artigo de lei.

CRIME CULPOSO – Diz-se do crime em que o agente deu causa ao resultado por imprudência, negligência ou imperícia.

CRIME DOLOSO – Diz-se do crime em que o agente quis o resultado ou assumiu o risco de produzi-lo.

CRIME HEDIONDO – Crime grave e que tem tratamento mais rigoroso durante o processo.

CORPO DELITO – conjunto de elementos materiais ou de vestígios que indicam a existência de um crime.

USUCAPIÃO – Forma de adquirir a propriedade de um bem após ter permanecido na posse do mesmo durante um período de tempo previsto na lei.

REVEL – Réu que não comparece em juízo para defender-se.

4. O internetês

1. Traduza o texto abaixo.
2. Troque bilhetes com seu colega utilizando a linguagem INTERNETÊS.
3. Você acha que o INTERNETÊS prejudica a norma culta da língua? O que fazer?

"... PUTS U kaka eh prfeito.. tipoww eo tnhu namaradu+eli tah im cgundu lugar nu me s2 pq im primeiru tah u kra + lindu du mundu "kkaka" qessa dor melhori eim Kaka... u princip d Milan eh vx amourr... meu quartu tm mtchus pdtrs seus tah linduu... t amoooo t amoooo t amooooooo!!!!!!!!!!!!! Eo jah briguei cum u meu namoradu pur ksa dissu u meu orkut nu meu algum tm 2 fts dli intaum vixxxxxxxx amue h OKAYYYYY!!!!! i eli vai tah cmpri preznt i td a minha vida... amu eli + duq pudia... a naum tm u d fla dli poxa... soh fla q eli eh prfeitu lindu maravilhoso i q eli cjah mtchu fliz... a meu namoradu tah du meu ladu mi xinganu pur ksa dissu intaum eo tinhu crtza q npóix vai briga di novu + naum tm problema pq plu Kaka eo so kpas d td OKAYYYY!!!!!!!!!!!!! A t amooooooooo tamooooooooo t amooooooo A LOT...bjusss (in coluna de Dad Squarisi – Estado de Minas, 5 jul. 2006)

5. Dicionário mineirês/português:

PRESTENÇÃO: é quando eu tô falano iocê num tá ovino.

CADIQUÊ? – assim, tentanu intendê o motivo
CADIM – á quabno eu num quero muito, só um poquim.
SÕ – fim de quarqué frase. Qué exêmpro? Cuidadaí, sô!
DÓ – o mez qui "pena", "cumpaxão": ai qui dó, doce...
NIMIM – o mez que ni eu. Nóoo, ce vivi garrado nimim, trem, larda deu, sô!
PELEJANU – o mez qui tentanu: tô pelejanu quesse diacho né di hoje.
UAI – uai é uai, sô!
ÉMEZZAI – minerim quereno cunfirmá.
NEMEZZZ – minerim quereno sabe se ocê concorda.
OIAQUI – minerim tentano chama atenção pralguma coizz..
TREIM – quarqué coizz qui um minerim quisé – treim bão é muié.
PÓPÔ – mez qui coloca.
POQUIM – só um poquim, pra num gasta muito.
DEUSDE – desde. Eu sô magrelim deusde rapazim.
ARREDA – ingual sai. Arreda, sô!
IM – diminutivo: lugarzim, minerim, piquininim.
DENDAPIA – dentro da pia.
TRADAPORTA – atrás da porta.
BADACAMA – debaixo da cama.
PINCOMÉ – pinga com mel.
ISCODIDENTE – escova de dente.
PONDIONS – ponto de ônibus.
SAPASSADO – sábado passado.
VIDIPERFUME – vidro de perfume.
OIPROCÊVÊ – oiá procê vê.
TISSDAÍ – tira isso daí.
CASAPÔ – caixa de isopor.
ISTURDIA – otru dia.
PROINOSTOÍNO? – pronde nós tamo inu?
CÊSSÁ SÊSSE ONS PASNASSAVAS – você sabe se esse ônibus passa na Savassi?

Prática:
1. Escreva um bilhete de amor para o namorado(a) utilizando as palavras do dicionário acima.
2. Troque cartas com alguém de sua classe.

6. Para terminar a bizarria desta unidade, só concordando com o Luís Fernando Veríssimo, quando diz que CERTAS PALAVRAS dão a impressão de que voam ao sair da boca. "Sílfide", por exemplo. Diga "sílfide" e fique vendo suas evoluções no ar, como as de uma borboleta. [...] Às vezes fico tentado a usar a palavra "amiúde", mas sempre hesito, temendo a quarentena social. E também porque amiúde penso que "amiúde" devia ser duas palavras, como em "Ele entrou na sala à Miúde", ou à maneira do Miúde, seja o Miúde quem for. [...] Não entendi por que "terceirizar" ainda não foi levado para a vida conjugal. Maridos podem explicar às suas mulheres que não têm exatamente amantes, terceirizaram a sua vida sexual. E, depois, claro, devem sair de perto à Miúde.

Ave palavra Rosa

Homenagem

▸▸ Relendo Rosa e arte-palavra escrevendo:

Contar Rosa é negócio muito dificultoso. Inda mais numa travessia como esta. Não há nada. Nonada. O caminho é perigoso. Chegaremos lá. Certeza quase tenho. É vereda ainda verde. Invente sempre, procure nas veredas de Minas, o rastro das palavras reinventadas por Joãozito, o Rosa.

Proposta

Selecionamos e elegemos alguns temas de Grande Sertão: Veredas valendo-nos de trechos de uma carta enviada por Manuel Bandeira ao João Guimarães Rosa. Esperamos que faça o mesmo com outros autores.

Em tempo, neste ano de 2006, *Sagarana* faz 60 anos, e *Grande Sertão: Veredas*, 50 anos.

Amigo meu, J. Guimarães Rosa, mano-velho, muito saudar!

Me desculpe, mas só agora pude campear tempo para ler o romance de Riobaldo. Como pudesse antes? Compromisso daqui, obrigação dacolá...Você sabe: a vida é um itamarati.

Ao despois de depois, andaram dizendo que você tinha inventado uma língua nova e eu não gosto de língua inventada. ... Vai-se ver, não é língua nova nenhuma a do Riobaldo. Difícil é, às vezes. Quanta palavra do sertão! Nenhum dicionário dá palavra "vereda" com significado que você mesmo define: Rio é só o S. Francisco, o Rio do Chico. O resto pequeno é vereda! Tinha vez que pelo contexto eu intelegia: "ciriri dos grilos", "gugo da juriti", etc. Mas até agora não sei, me ensine, o que é "agra", "suscenso", "lugugem" e desadoro de outras vozes dos gerais.

[...] E o sertão? O sertão é do tamanho do mundo. O sertão é uma espera enorme. Está em toda parte. Sertão é quando menos se espera. Tudo aqui é perdido, tudo aqui é achado. Até enterro simples é festa. É onde o homem tem de ter a dura nuca e a mão quadrada. O senhor sabe: sertão é onde manda quem é forte, com as astúcias. Deus mesmo, quando vier, que venha armado.

Viver?

O correr da vida embrulha, a vida é assim: esquenta e esfria, aperta e daí afrouxa, sossega e depois desinquieta. O que ela quer da gente é coragem. Eu nasci devagar. Sou é muito cauteloso. Porque viver é um descuido prosseguido. Esta vida está cheia de ocultos caminhos. A vida nem é da gente. Vida devia ser como na sala de teatro, cada um inteiro fazendo forte gosto seu papel. Era o que eu acho, é o que eu achava. Travessia perigosa é a vida. A gente quer passar um rio a nado, e passa; mas vai dar na outra banda é num ponto muito mais embaixo, bem diverso em que o primeiro se pensou. Viver... o senhor sabe. Viver é etcetera. Viver é negócio muito perigoso...

E o silêncio? O vento é verde. Aí, no intervalo, o senhor pega o silêncio e põe no colo.

E o amor? Amor é sede depois de se ter bem bebido. Qualquer amor já é um pouquinho de saúde, um descanso na loucura. E sempre que se começa a ter amor a alguém, no ramerrão, o amor pega e cresce, é porque de certo jeito a gente quer que isto seja. E o coração cresce de todo lado. O coração mistura amores e tudo cabe.

Tão deleitável tudo, nem que estar nos braços da linda moça Rosa'uarda, ou de Nhorinhá, de Ana Dazuza filha, ou daquela prostitutriz que proseava gentil, sobre as sérias imoralidades.

Ah, Rosa mano-velho, invejo é o que você sabe; o diabo não há. Existe o homem humano. Soscrevo.

A arte escrevendo a arte

▶▶ Repensando a arte do escrever com arte:

Ezequiel, o bíblico escondia atrás do mistério. Tinha na voz a ameaça do Apocalipse. Ezequiel, o Cotegipe era ventania. Seu nome é uma janela aberta, arejada de vogais. Escreva sempre com arte-palavra, com arte-visual. Redesenhe os labirintos da escrita. Reinvente os códigos, as línguas, os paraísos perdidos por Adão e Eva, questione, pergunte, olhe, decifre, mas com arte-cor, com arte-natureza, com arte, com arte.

Das origens:

O nome Ezequiel habita os papiros e as linhas d'água de muitos idiomas. A palavra Ezequiel se espalha na planície da página branca em arabescos diversos:

EZEQUIEL

EZEQUIEL

EZEΘYIEΛ

Em Ezequiel, Deus é forte. Deus é verbo. Deus é palavra mesmo quando o príncipe dos abismos, dos esconsos, arma armadilhas de aprisionar palavras. De querer o mundo sem eco, o mundo mudo. Mesmo quando Belzebu pergunta: "E se faltar a palavra, como fica seu mundo? Mudo? A sua semelhança, o homem, será como todo animal, terá um som próprio, um rugido, um mugido, um latido, um rosnado, mas faltará a palavra que identifica os homens apesar da babel das línguas. E seu nome não correrá os ermos das urbis nem os breus dos desertos. Quem nomeará o seu o mundo? Quem proclamará a sua glória? As pedras? O fogo? O ar? A água? Se não houver palavras para dar nomes às coisas, as coisas não existirão. O demo se esquece de que Ezequiel é vocábulo de muitas ventanias e janelas. É palavra de ventar musical. De guardar nas sílabas sempre o mel. Ezequiel é o aleph. É o alfa capitulando no ômega. É rio de margens muitas. De formidáveis funduras abissais. Rio que navega livre de significados e significantes. .É rio de letras e sinais que corre solto nos dicionários e alfabetos É rio que deságua no oco dos verbos, das parábolas, dos falares, das fábulas. Em Ezequiel, Deus é.

(Claver de Luna, no livro inexistente
de *Os pés de São Francisco*)

☞ Responda rápido: você concorda com a argumentação do Demo? Concorda que Deus é palavra.

1. O mundo é palavra grande. Deus pai é uma palavra bonita. O nosso mundo é palavra. Cristo conta seu mundo através da palavra. Cristo é palavra. A boa nova é uma palavra iluminada. Ele conta o seu mundo através de parábolas. Parábola vem do latim eclesiástico com sentido de comparação. A palavra latina é Verbo. No princípio existiu o VERBO, e o verbo (se fez) estava com Deus e o Verbo era Deus. E o Verbo se fez carne e habitou entre nós. (João, 1-14).

2. O homem é uma palavra que pensa, que sonha, que faz. O homem pensa palavras Desenha palavras. Projeta palavras. Constrói palavras. Planta e come palavras. O desenho é uma palavra. O sinal é uma palavra. Uma estrada é palavra. E rio é palavra sinuosa e sedenta. A arte é palavra e mora no mundo e onde é a moradia do artista?

3. A arte não tem dono
   o artista não tem pouso
   o lugar do artista
   é onde mora o mundo.
4. O mundo é um só. Palavras e tintas. Montanhas e rios. Estrelas e sóis. Cada detalhe revelando outro detalhe. Cada cor denunciando a paisagem. Cada sede bebendo a garganta.
5. O mundo é um só. O olho vê, o olho pensa. O olho remexe, mexe, se inquieta.

O olho revê o mundo com as lentes da palavra. A pintura é uma palavra, uma leitura. Magritte é uma leitura surrealista. Sonhemos pois:

Combinando texto e gravura. Você deve continuar os textos. Faça a sua leitura e escreva-a. Tudo tem a sua história. Reescreva as imagens que se seguem. Elas são do surrealista belga René Magritte. (21-11-1898 – 15-8-1967)

1. Quando se abre uma porta para dentro, abre-se a possibilidade de visita aos vazios de nós, a possibilidade de sair de nós mesmos. Uma porta se abre. Uma nuvem invade a sala de nossa intimidade. Lá fora o mar está me esperando com seus abismos e ternuras. A porta está semi-aberta. Escancaro-a ou fecho-a de vez? (Veja a imagem abaixo e continue o texto):

2. De novo olhando a paisagem. Sou a paisagem. O sol são meus olhos, meu nariz, minha boca. Sou todo calor. Onde esconder-me à noite. Há uma montanha e possíveis caminhos. Onde esconder-me?

3. Estou imerso em mim. O espelho não reflete o mundo duplo. O lado obscuro do corpo. Assim deve ser a lua. Há uma lua no céu, outra na imaginação. O seu lado transparente e seu lado esquerdo, escuro. A qual lado pertencemos? Olho de novo no espelho e quem vejo agora?

4. De repente um pássaro irrompe de meus olhos. . Como decifrar este enigma? O pássaro quer conversar, mas em qual língua?

5. Meu corpo se duplica em espelhos. Meu corpo tem segredos irreveláveis. Pandora não tem a chave de minha arca. Sou duplo e invertido. Onde meu coração? Meu coração não tem o movimento da revolução. Ele é patético, lírico, acomodado aos barulhos do corpo. Sou moldura ou sou o espelho. Acho que....

6. Estou sempre em mutação. Minha sombra se espelha em asas. Sou um anjo ou......

Refazendo e reescrevendo o texto:

Elimine de seus textos as rubricas escritas pelo autor. Fique, inicialmente, apenas com os seus textos.

1. Trabalhe o texto, acrescentando e eliminando palavras, frases. Esqueça as pinturas e crie algo que deva ser lido sem auxílio do visual.

Pessoas, personas

Temos agora um novo quadro. Trata-se de *Gente*, produzido em 2004 por F. Penna (Fernando Pio Penna). Ele utilizou a técnica OST (óleo sobre tela) e tem dimensões de 60X70.

1. Tente imaginar o que as pessoas pensam.
2. Destaque dois personagens e crie um diálogo.
3. Selecione algumas pessoas e conte um pouco da vida delas.
4. Tome uma pessoa em especial e assuma a sua personalidade e faça um depoimento.

Para terminar não terminando, continuando:

Meu Deus do céu, não tenho nada a dizer. O som de minha máquina é macio. Que é que eu possa escrever? Como recomeçar a anotar frases? A PALAVRA é o meu meio de comunicação. Eu só poderia amá-la. Eu jogo com elas como se fossem dados, adoro a fatalidade. A palavra é tão forte que atravessa a barreira do som. Cada palavra é uma idéia. Cada palavra materializa o espírito. Quanto mais palavras eu conheço, mais sou capaz de pensar o meu sentimento. Devemos modelar nossas palavras até se tornarem o invólucro mais fino dos nossos pensamentos. (LISPECTOR, Clarice. *A descoberta do mundo*. Rio de Janeiro: Nova Fronteira, 1984)

Assim como o pão, a palavra é trigo, é planta, é sol dourando o árido deserto do corpo. Assim como a água, a palavra é rio de escassas e abissais funduras. Assim como o poeta, a palavra é joio e jugo. Fogo de ira, de revolta, de sedição. Revolução no jogo duplo do ser & não ser.

Poesia? É só abrir os olhos e ver
   Tem tudo a ver
      Com tudo
        e com você
          (Claver de Luna)

Qualquer livro do nosso catálogo não encontrado nas livrarias pode ser pedido por carta, fax, telefone ou pela internet.

Autêntica Editora
Rua Aimorés, 981, 8º andar – Bairro Funcionários
Belo Horizonte/MG – CEP 30140-071
Telefone (31) 3222 6819
Fax (31) 3224 6087
e-mail: vendas@autenticaeditora.com.br

Visite a loja da Autêntica na Internet:
www.autenticaeditora.com.br
ou ligue gratuitamente para
0800 283 13 22